企业制定激励方案的行动指南

管理就是要做好员工激励

张冉◎著

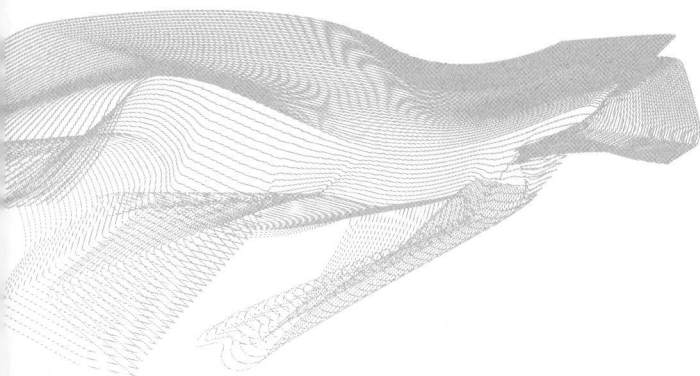

企业管理全优激励方案

中国纺织出版社有限公司

内 容 提 要

激励对于企业而言，可以高度概括为"内聚人心，外塑形象"。以调动人的积极性为主旨的激励，是人力资源开发和管理的重要手段。在全球化市场竞争环境下，越来越多的企业意识到员工是企业最重要的生产力，本书从员工角度出发，反其道而行之，阐述激励的基本理论、催生激励的内外因素、激励机制与措施，从项目管理的实践出发讲解目标激励、以项目跟投促成内滋激励、股权激励及如何避开激励误区，为企业管理引入激励机制，更是为现代企业管理提供最佳激励全案。

图书在版编目（CIP）数据

管理就是要做好员工激励 / 张冉著. --北京：中国纺织出版社有限公司，2020.6

ISBN 978-7-5180-7416-7

Ⅰ.①管… Ⅱ.①张… Ⅲ.①企业管理-激励制度-研究 Ⅳ.①F272.92

中国版本图书馆 CIP 数据核字（2020）第 079359 号

策划编辑：史 岩　　责任编辑：曹炳镝
责任校对：楼旭红　　责任印制：储志伟

中国纺织出版社有限公司出版发行
地址：北京市朝阳区百子湾东里 A407 号楼　　邮政编码：100124
销售电话：010—67004422　　传真：010—87155801
http://www.c-textilep.com
中国纺织出版社天猫旗舰店
官方微博 http://weibo.com/2119887771
天津千鹤文化传播有限公司印刷　各地新华书店经销
2020 年 6 月第 1 版第 1 次印刷
开本：710×1000　1/16　印张：14
字数：177 千字　定价：48.00 元

前言

"激励"一词源自心理学术语，指的是持续激发人的动机的心理过程。将激励用于管理，就是通常意义上说的调动人的积极性，开发人的潜在力，激发人的创造力。

激励总体而言是激励人的心理和行为，最终形成行动的动力。因此，激励既是心理的钥匙，又是行为的按钮。打开哪一把心理的锁，就会释放什么样的思维；按动什么样的按钮，就会产生什么样的行为。

每个人都需要得到亲人、朋友、同事、团队、组织等方面的激励。相互之间的激励可以提升个体对自我的认知度，为自我激励打下基础；自我激励能够让自己更有信心地处在集体中，为相互激励创造条件。可见，相互激励与自我激励是相辅相成的。因此，激励是个体活动或组织活动中不可缺少的。

企业管理者要充分认识激励的重要作用，因为在现代企业管理中，激励已经融为了管理企业的必要部分。美国哈佛大学的威廉·詹姆斯教授在对员工激励的研究中发现：按时计酬的分配制度仅能让员工发挥出 20%~30% 的能力；受到不充分激励后，员工的能力可以发挥出 50%~60%；受到充分激励后，员工的能力可以发挥出 80%~90%。三种情况之间有高达 60% 的差距，激励就是"催化剂"。

通过威廉·詹姆斯的进一步研究发现，员工的工作绩效是员工能力和受激励程度的函数，即绩效 =F（能力 × 激励）。如果把激励制度对员工的创造性、革新精神和主动提高自身素质的意愿的影响考虑进去，激励对工作绩效的影响将更大。

管理学大师彼得·德鲁克认为：每一个组织都需要三方面的绩效，即直接的成果、价值的实现和未来的人力发展。缺少任何一方面的绩效，组织都将不能长存。而这三者都离不开激励工作，激励到位则直接的结果必定提升，价值的实现必定超额，未来的人力发展必定令人满意。

世界顶级战略大师加里·哈默尔一直密切关注激励与企业对外竞争两者之间的联系。他率先提出了战略意图、核心竞争力、战略构筑、行业前瞻等一系列影响深远的革命性概念，改变了企业的战略重心和战略内容。但这些概念的构筑基础都离不开激励，他坚定地认为"激励是成功企业竞争优势长存的必要条件之一"。

社会心理学家戴维·麦克利兰在提出成就激励理论的同时，对激励的有效性进行了定义，他认为激励的有效性必须做到四个满足，即满足激励方法与设定目标相一致，满足物质激励与精神激励的同时，满足正向激励与负向激励相结合，满足按需激励和保持公正同时有效。

正因为激励如此重要，那些竞争力强、实力雄厚的企业，都会注重在企业发展过程中始终通过不断地实施各种激励制度保持员工高昂的斗志。

想增强企业凝聚力，想了解员工目标、想满足员工需求，想招揽高能人才，想留住核心人才，想让员工发挥出潜能，想让员工具有创造性，就必须在企业内部正确推行激励。

想高效管理企业，想实现既定目标，想提高企业绩效，想提升产品质量，想增强市场竞争力，想拓宽市场领域，也必须在企业内部高效推行激励。

因此，激励对于企业而言，可以高度概括为"内聚人心，外塑形象"。

作者

2020 年 3 月

第三章
员工价值追求依赖薪酬激励

第四章
员工职业发展需要正向激励

第五章
借力负向激励刺激员工潜能

第六章
加强项目管理推行目标激励

第七章
开展项目跟投促成内滋激励

第八章
围绕整体效益实施股权激励

第九章
把握管理重点避开激励误区

引言

————

长期以来，人们对于激励的认识越来越深刻，激励已经是企业经营管理中必不可少的手段。也印证了激励对管理的有效性，从而让人们更加重视它的直接运用，而忽略了对激励理论地深入研究。

讲到激励理论，一些人会感到不屑，激励理论能有什么，关键不就在于如何实施吗？——将激励实施到位，获得实施激励的效果，这就是一次成功的激励。但是，底层基础决定上层建筑，激励理论就是"底层基础"，成功实施才是"上层建筑"，没有坚实的理论打底，激励想要成功实施下去是非常困难的。因为没有理论基础就等于没有对激励全方位、深入地认知，在实施过程中必然会因为各种干扰而跑偏，因此成功的企业管理者必然非常注重对激励理论的研究，然后才会运用于实践中。

下面，对于激励理论和激励实施的重要性予以论述。

第一，激励的基本理论。

1.激励的定义。

激励就是激发、鼓励、维持动机、调动人的积极性、主动性和创造性，使人凝聚内在动力，朝着所期望的目标前进的心理过程。

2.激励有三个维度。

激励的三个维度分别是时间维度（激励过程）、空间维度（激励层次）、逻辑维度（激励因素）。

3.激励的意义。

激励是生产力的促进剂；激励给人性积极的一面以推助力；激励是以人为中心的管理思想的核心职能。

4.激励与企业管理的关系。

如果两位员工能力相当，但业绩不等，原因就是积极性存在着差别。如果两家同行业的企业硬件相当，员工人数和能力值相当，但企业利润差距很大，原因则是企业的激励不到位，员工的积极性不够。

5.西方的激励理论。

科学管理之父弗雷德里克·温斯洛泰勒提出科学管理激励理论；心理学家维克托·弗鲁姆提出"弗鲁姆效价——期望理论"；耶鲁大学教授克雷顿·奥尔德弗提出"ERG理论"；心理学家斯塔西·亚当斯提出"公平理论"。西方激励理论产生于工业革命时期，为资本主义经济的发展服务，关注于企业经营。而西方注重财富积累，不重视管理者与员工之间的感情，直到后期才建立起工会等组织，暂时缓和矛盾。

6.中国的激励思想。

中国激励理论产生于封建社会时期，主要用于治国与军事斗争，是封建统治阶级的政治工具。中国传统理论注重人情，以仁义、群体为中心，以心理感情为纽带，企业主常不自觉地把"家庭伦理""帝王思想"规范推广到企业管理中，把薪酬和激励当成奖赏封赐的行为。

第二，激励的原则。

1.目标结合原则。

在激励机制中，设置目标是关键一环，目标必须同时体现组织目标与员工需求。

2.按需激励原则。

激励的起点是满足被激励者的需求，但个人需求因人而异、因时而异、因地而异，只有满足主导需求（前提必须合理），效价才最高。

3.物质奖励与精神奖励相结合原则。

物质激励是基础，精神奖励是根本，两者结合后可倾向其中一方，随时调整。

4.正激励与负激励相结合原则。

对员工符合组织目标的行为进行合理奖励，是正激励；对员工不符合组织目标的行为进行合理惩罚，是负激励。正负激励不仅作用于当事人，还须间接影响周围的人。

5.合理性原则。

激励的措施要得当，激励的力度要适度，实施的奖惩要公平。

6.明确性原则。

激励的目的需明确，奖励的指标要直观，奖励的分配要公开。

7.时效性原则。

激励越及时，越有利于持续激发被激励者的创造力和贡献力。

8.引导性原则。

激励措施只有转化为被激励者的自觉意愿，才能取得激励效果，这个过程就是引导。

第三，激励基本类型（见下图）。

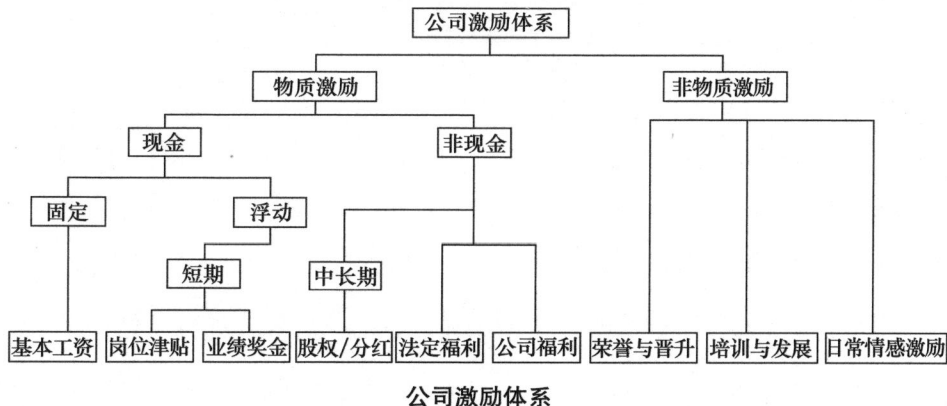

公司激励体系

1.物质激励。

企业经营的根本目的是获得物质利益，员工对物质利益的要求是工作的第一动因。物质财富是生存的第一需要，也是价值的最直接体现。包括现金激励和非现金激励两种方式。

（1）现金激励包括：固定部分+浮动部分。其中，固定部分为基本工资，浮动部分为绩效奖金+岗位津贴。

（2）非现金激励包括：中长期的股权激励+法定福利+公司福利。

2.非物质激励。

层次越高的人精神需求越高。包括荣誉和晋升，培训与发展，日常情感激励。

（1）荣誉和晋升：评优秀个人团队、评省市级先进人物，职位晋升等方式。

（2）培训与发展：后备人才培养、专业技能及管理能力培训、轮岗学习等。

（3）日常情感激励：日常情感激励是情感激励的日常化表现，通过随时随地对下属实施表扬或批评，以敦促其摒弃恶习，养成良好习惯的激励。

3.国内常用的激励模式。

（1）KSF即关键成功因子（Key Successful Factors），又称薪酬全绩效模式。是将员工要的薪酬与企业要的绩效进行全面融合的激励分配模式。让员工与企业成为利益共同体，最终实现员工加薪、企业增利的共赢目标。

（2）PPV即产值量化薪酬模式（Personal Production Value）。主要针对企业二线岗位（如行政、财务、人事）等岗位，是将员工的工作职责、工作内容、工作项目、工作结果等以标准化、规则化、价值化的方式进行量化计算，并直接与员工的收入挂钩，形成多劳多得的利益分配机制，相比传统的绩效工资等更具激励活力。

（3）IOP即内部职业合伙人（Internal Occupation Partners）。通常以上年实现利润或毛利润作为平衡点（基值）将本年增量利润作为基础，让层及公司骨干投入合伙金，共同参与公司经营，并根据投入与贡献状况获得公司增值利润。

（4）OP即内部合伙人（Organizational Partners）内部合伙人的概念，可能来源于对永辉超市员工合伙制度的归纳，内部合伙人的其他名称有"李氏合伙人""增值合伙人"等。内部合伙人无须投资，仅以自身劳动在享受劳动报酬的同时，享有经营收益的参与分配权利。

（5）POP即内部项目合伙人(Project Organizational Partners)。将公司经营内容从多个维度进行切割成多个项目单元，从中找出具有较大增值空间的经营项目，让员工出钱出力参与该项目运营，并根据投入资金量及岗位贡献度，获得该项目增值利润的分享。

（6）PSP即股份期权激励（Phantom Stock Plan），又称增值创富计划、虚拟股票计划，即通过3~5年期限设定企业经营或盈利增长目标，若达到该目标，核心层员工将可获得相应的股份激励，同时还要衡量各参与人员的贡献，设定清晰明确的激励、锁定与退出条件。

以上激励模式将在后面章节详细介绍。事实上，当员工收入不断提升的时候，不光是增加企业的成本，更能促进企业的利润增长，这样的模式才是可持续地，才能真正实现员工与企业的目标一致、利益趋同。

第四，激励的重要性。

1.调动员工工作的积极性，提高企业业绩。

企业最关心的是绩效，绩效高，才能更好地生存发展。企业的绩效水平来源于员工绩效水平的集合，一些企业因此非常重视员工的个人能力和素质，认为这两者强的员工，其绩效水平必定高。但现实中却常常看到，有些才能卓越的员工绩效却未达到预期水平，甚至低于才能明显不如自己的员工。究其原因就是企业对实现绩效的条件定义过于片面，只注重个人能力和素质。其实，员工绩效水平的高低还与企业的管理方式、工作环境、激励水平有关。尤其以激励水平最为重要，其堪称是被激励者行为表现的决定性因素。试想，一个人的能力再高，如果没有工作积极性，也不可能有良好的行为表现。

2.挖掘员工的潜力，提高人力资源质量。

美国哈佛大学教授威廉·詹姆斯研究发现，在缺乏激励的环境中，人的潜力最多只能发挥出20%~30%。而挖掘出员工的潜力是生产和管理过程中非常重要的环节，如果激励措施得当，员工的潜力甚至能得到80%~90%的发挥。

如果将一个人的能力值设置为0~10，共十一个级别。在完全不发挥潜力的情况下，即便员工能力再强，能力值最大也只能达到4~5；能力较弱的员工能力值通常能达到2左右。在一般发挥潜力的情况下，能力强的员工能力值能达到6~7，这就差不多达到及格水平；相比能力较弱的员工其能力值只能达到4左右；而在高发挥潜力的情况下，能力强的员工能力值能冲到9以上，这几乎就已经达到了优秀的水平；能力较弱的员工能力值至少也会到6~7。

由此可见，以调动人的积极性为主旨的激励，是人力资源开发和管理的重要手段。企业管理中引入激励机制，不仅是迎接挑战的途径，更是企业现代化管理的表现。

3.造就企业内部良性竞争环境，提高企业对外竞争力。

科学的激励制度一定能够催生出人们的竞争意识和企业的竞争精神，其正确运行能够创造出一种良性的竞争环境，进而形成良性的竞争机制。

　　在良性竞争环境中，组织成员会收到来自内部的压力和外部环境的压力，两种压力都将转变为员工努力工作的动力。正如道格拉斯·麦格雷戈所说："个人与个人之间的竞争，才是激励的主要来源之一。"因此，员工工作的动力和积极性成了激励工作的间接结果。

第一章
员工心理需求引发激励机制

　　在全球化的市场竞争环境下，更多的企业越来越意识到，员工是企业最重要的生产力，其投入的程度和效果明显影响着企业的竞争力，甚至决定企业生存和发展的重要因素，更多企业的管理者开始关注员工的激励问题。近年来，随着我国高校就业比例的加大，从业人员的素质也有了大幅地提升，他们对公司发展和个人职业发展都有更加迫切的期望。所以作为企业来说，首先必须满足员工合理的物质需要（基础动因）。激励的过程直接涉及员工的个人利益，激励直接影响到能否调动员工的积极性和创造力，使他们始终保持高度的工作热情。激励的过程就是激发员工内在的动力和要求，从而使他们奋发努力去实现组织既定的目标和任务。每一个员工都有自己的需要，都有实现这种需要的内在的强大动力，这种动力会促使他去为实现自己的需求而努力工作。

马斯洛需求理论：人类的满足感将逐步提升

1943年，美国社会心理学家亚伯拉罕·马斯洛出版了《人类激励理论》，书中提出了以他名字命名的"马斯洛需求层次理论"，基本内容是将人类的需求从低到高划分为五个层次：生理需求、安全需求、社交需求、尊重需求、自我实现需求（见图1-1）。只有在低层次的需要得到满足以后才能追求高层次的需要。

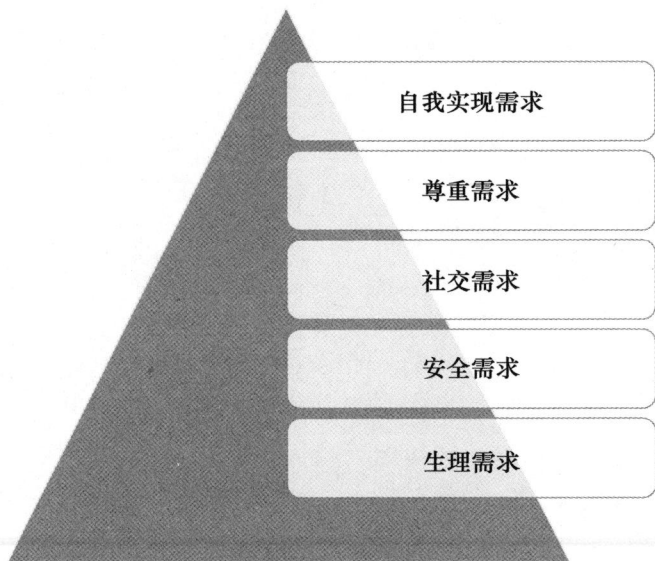

图1-1 "马斯洛需求层次理论"

马斯洛认为，人的需求越是低级，需求就越基本；人的需求越是高级，需求就越为人为所特有。马斯洛需要层次理论是人本主义科学理论之一，是一种人性论和价值论，因此马斯洛需求层次理论也是激励理论中最基本、最重要的。

在图1-1中，每个需求层次具体包含以下意义：

（1）生理需求包含呼吸、水、食物、睡眠等最原始的需求。这些需求中任何一项得不到满足，个体的生理机能就无法正常运转，生命将受到威胁。因此，该类需求根本不能作为激励因素。

（2）安全需求包括人身安全、健康保障、资源所有、财产所有、道德保障、工作保障、家庭安全等初级心理满足需求。马斯洛认为，任何有机体都在追求安全，人类亦是如此，人的感受器官、效应器官、智慧能力和其他能力都是寻找安全的工具。当这类需求得到满足后，就不能再成为激励因素了。

（3）社交需求包括情感归属（亲情、友情、爱情）、人际交往这两项社会沟通需求。该类需求与一个人生理特征、经历、教育、信仰有关，能在一定时间范围内成为激励因素。

（4）尊重需求包括自我尊重、信心、成就、被他人尊重、尊重他人等高级心理满足需求。每个人都希望自己的能力和成就得到社会的认可，尊重分为内部尊重（自尊）和外部尊重（外界认可）。该类需求可以用作长期激励，需求持续得到满足，能使人对自己充满信心，对工作充满热情。

（5）自我实现需求包括道德、创造力、自觉性、公证度、接受现实的能力、解决问题的能力等最高层次的需求。是实现个人理想、抱负，发挥个人能力，实现自我。马斯洛提出，为满足自我实现需求所采取的途径是因人而异的，因此既可以长期用作激励因素，又要依据个体（或团队）差异而定。

（6）此外，在《激励与个性》一书中，马斯洛探讨了另外两种重要的需求——求知需求和审美需求。他认为这两种需求虽然未列入五种需求之中，但并不意味着这两种需求不重要，对于需求不断提升的个体来说，在达到一定高度的需求后，自然就会形成这两种需求，因此他将两者列在尊重需求和自我实现需求之间。

通过马斯洛对需求理论的解释，可以明白这是一个由下至上、层次逐渐提高的需求。一个人受自身需求的关注影响和实际情况的限制，决定了其停留在哪个层次上。比如，一人到了吃不饱饭的时候，其对食物的需求将最强烈，其他需求则不那么重要。当这个人的食物需求得到满足，就意味着最基本的需求得到了满足，才能衍生出高层次的需求，如安全需求、社交需求或者尊重需求。也就是说，人的需求虽然不是逐级实现的，但一定是先实现低的，才有机会向往高的。

在一家规模适中的企业内部，各个层次需求的员工都可能存在，有的员工为了吃饱饭而努力，有的高层管理人员为了实现个人价值而奋斗。虽然目标不同，但都是个人短期或长期的追求，都是值得肯定的。因此，企业管理者要针对员工的不同需求，并且掌握员工的需求层次变化，有针对性地设计激励措施（见图1-2）。

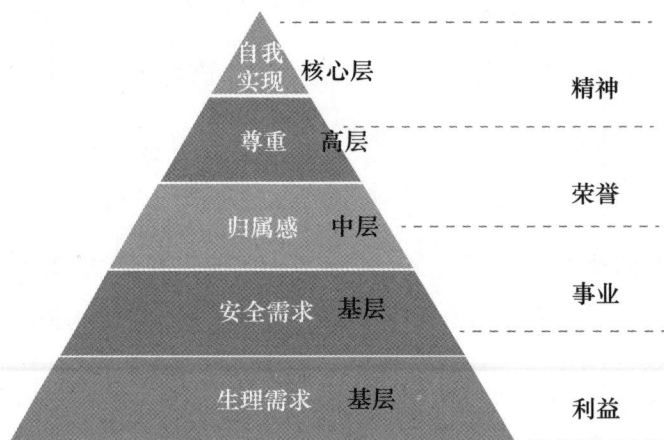

图 1-2　"激励的不同需求"

（1）针对关注生理需求的员工，可采用的激励措施有：增加基本工资，提高基本的福利待遇，改善劳动条件，给予更多的工作休息时间和业余时间。

（2）针对关注安全需求的员工，可采用的激励措施有：强调规章制度，设置未来职业保障，进一步提高福利待遇，尽可能提供必要的医疗保障和保险，提供健全的失业保险和退休保障。

（3）针对关注社交需求的员工，可采用的激励措施有：提供同事间的往来机会，扩展员工的交际空间，支持并赞同员工寻找及建立有利于个人和企业的人际关系，开展有组织的体育比赛和集体聚会。

（4）针对关注尊重需求的员工，可采用的激励措施有：强调工作任务的艰巨性，阐明成功完成工作所需要的高超技巧，形式公开的奖励（荣誉奖励或物质奖励）、表扬（刊物上刊登、优秀光荣榜等）和颁发荣誉奖章。

（5）针对关注自我实现需求的员工，可采用的激励措施有：给有特长的员工委派特别任务，设计和执行计划时为下级留有自由发挥的余地，工作时引导员工运用复杂情况的应对策略。设置各类职位序列和管理层级，让员工不断挑战更高专业能力和管理层级，实现自我价值。

总之，激励之所以有效，原因在于人们在事关自己切身利益时，会格外关注事情的得失成败，趋利避害的本能驱动着人们朝有利于自己的方向努力。因此，有效的激励方式不仅能够满足员工的基本需求，还能引导员工向高层需求发展。

双因素理论：保健因素与激励因素双满足

"双因素理论"的全称为"双因素激励理论"，又称为"激励——保健理论"，由美国行为学家弗雷德里克·赫茨伯格于1959年提出。

20世纪50年代，赫茨伯格与助手对匹兹堡地区的11个行业的203名工程师与会计人员实施了一项调查研究。

访问的主题有两个：

（1）在工作中，哪些让你感到满意，并估计积极情绪大概持续的时长？

（2）在工作中，哪些让你感到不满意，并估计消极情绪大概持续的时长？

赫茨伯格认为"满意"与"不满意"两个维度是影响员工绩效的主要因素。满意因素是可以使人得到满足和动力的因素，也称"激励因素"；不满意因素是容易产生不满情绪和消极行为的因素，也称"保健因素"。

经过对"满意"和"不满意"两种因素的调查，得出激励因素主要与工作状态有关，包括：个人成就和成长、工作挑战性和职责划分，组织赞赏及社会认可等，满足这些因素将令员工满意，可以激发员工的工作积极性；保健因素主要与企业政策和管理有关，包括：政策制定、管理监督、工资福利、劳动保护、安全措施、人际关系、工作环境等，满足这些因素能消除不满情绪，维持原有的工作效率，但不能激发员工的积极性。

从上述定义出发，赫茨伯格认为传统的激励方式，如提升工资、改善工作环境、树立人际关系等，将不会产生或者不明显产生激励效果。因此，企业管理者必须认识到保健因素的局限性，其是必须的，但不是激励的根本，只有在激励因素上做到满足，才能产生更高效的激励效果。

鉴于该次实验对象的行业集中性，赫茨伯格随后又进行了数次扩展性实验，将调查范围尽可能扩大到各领域。虽然调查对象和各种条件发生了巨大变化，但激励因素和保健因素的归属并未发生实质性转变，激励因素基本上都属于工作本身和工作内容范围，保健因素基本都属于工作条件范围和工作关系范围。

但调查范围扩大后，赫茨伯格发现激励因素和保健因素都有若干重叠现象（见图1-3）。比如，赏识既属于激励因素，也属于保健因素，存在赏识可以起到激励作用，没有赏识则可以产生消极作用。又如，升职属于激励因素，正确启动必然发挥积极作用，不启动将起到消极作用。

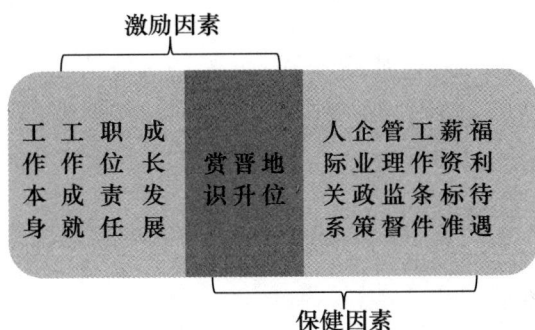

图 1-3　双因素理论的重叠现象

在传统企业管理中，认为员工的"满意"与"不满意"是绝对对立的情绪，当员工因为某一因素得到满足后而"满意"，在该因素缺失时必将导致"不满意"。但双因素理论地确立打破了这一观点，在很多情况下，影响员工"满意"的因素缺失并不会直接导致员工"不满意"，而只会导致员工"没有满意，也没有不满意"，那些使员工感到"不满意"的因素消除后，员工也不会转变为"满意"，仍然停留在"没有满意，也没有不满意"的状态。因此，激励的成功与否不能简单地按照是否消除了"不满意"因素和增加了"满意因素"。对于双因素对员工积极性的影响，可以表现为三个方面（见图1-4）。

不是所有的需要得到满足就能调动起员工的积极性，只有那些被称为激励因素的需要得到满足才能调动员工的积极性。

不具备保健因素时将引起强烈的不满，但具备时并不一定会调动强烈的积极性。

激励因素是以工作为核心的，主要是在员工进行工作时发生的。

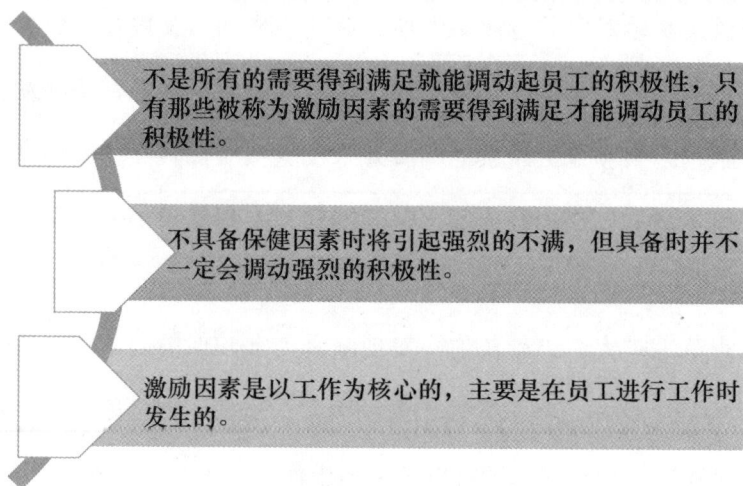

图 1-4　双因素影响工作积极性的内在表现

　　双因素理论自诞生以来，除最初几年受到质疑外，很快便受到重视。据1973年与1974年美国全国民意研究中心公布的数据，有50%的员工认为决定工作状态优劣的首要条件是成就感。因此，在为企业提建议栏目中，让工作有意义成为员工的首选，其数量是选择缩短工作时间员工的7.5倍。

　　赫茨伯格在提出双因素理论的同时，也致力于找出相应的方法，让激励更加到位。他的方法可以概括为两种：一种是满足员工对工作本身的要求，称为直接满足；另一种是满足员工对工作条件的要求，称为间接满足。

　　直接满足是个体通过工作所获得的满足。能使员工学习到新的知识和技能，对工作产生进一步的兴趣和热情，使员工在工作中体会到光荣感和成就感，从而提升责任心。采用直接满足的激励，虽然所需的时间较长，但员工的积极性一经激发出来，可以从根本上提高工作绩效，并能长久持续。

　　间接满足是个体在工作之后获得的满足。因为不是直接的，因而在调动员工积极性上有一定局限性，只能在短时间内提高工作效率，有时处理不好会发生副作用。因此，在实际运用过程中，要充分注意保健因素，不至于因"不当满足"而使员工产生不满情绪。对于究竟该如何对员工采取有效激励，因为各行业、各领域情况不同，不能给出统一定论，但赫茨伯格提出了几点适用性极强的通用因素（见图1-5）。

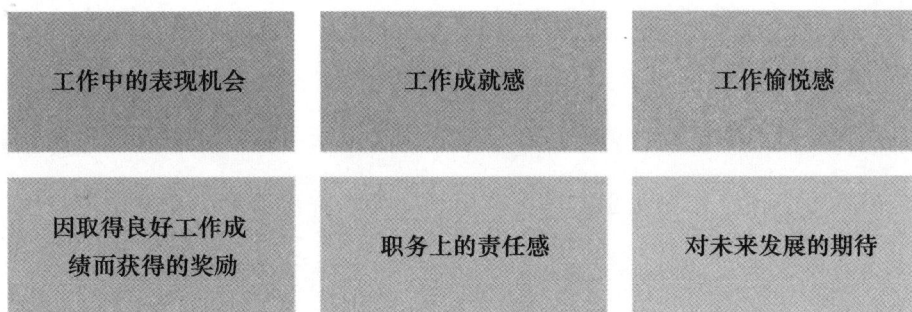

工作中的表现机会	工作成就感	工作愉悦感
因取得良好工作成绩而获得的奖励	职务上的责任感	对未来发展的期待

图 1-5　通用的激励因素

赫茨伯格认为，这些因素都是积极的，对影响员工工作动机起着长期有效的作用。为增加"激励因素"，提高生产率，需要在工作过程中加强"工作丰富化"管理，以取代"流水作业线"或者"高重复性作业"，可以有效地降低员工的不满情绪，提高员工工作积极性。

弗鲁姆期望理论：激励的力量 = 期望概率 × 目标效价

期望理论的奠基人、著名心理学家和行为科学家维克托·弗鲁姆在 1964 年出版的专著《工作与激励》中，提出了一个享誉世界并一直对世界产生巨大影响的理论——"效价–手段–期望理论"，也称为"弗鲁姆期望理论"。

弗鲁姆认为，任何人都渴望达到内心的目标，并且知道需要预先满足一定的条件。实现条件满足的过程，也意味着目标尚未实现，这时的目标会对个体形成反作用力，激起个体为之奋斗的力量。所激发的力量的大小，取决于目标价值（效价）和期望概率（期望值）的乘积，即

激励（Motivation）取决于"效价"（Valence）和其对应的期望值（Expectancy）的乘积：$M = V \times E$

M 表示激发力量，是调动个体积极性，激发个体内部潜力的强度。

V 表示目标价值（效价），是达到目标对于满足个体需要的价值。在目标相同、个体所处环境不同，且需求也不同的情况下，个体需要的目标价值也不同。因此，同一目标对不同个体会有三种效价：正效价、零效价、负效价。毫无疑问，效价越高，产生的激励力量就越大。比如，某个体不喜欢地位和名利，也不愿意获取，因此产生的目标效价就低，对此人的行为拉动力量就小。

E 表示期望值，是个体根据过往经验对自己所期望目标的达成概率的分析。目标价值大小反映个体的需要动机的强弱，期望概率反映个体的实现动机和信心的强弱。如果某个体相信通过努力一定会达成目标，其期望值就高。

该公式说明：假如一个人把某个目标的价值看得越大，预计能实现的概率也越高，那么该目标激发动机的力量也越强烈。

正因如此，在对该公式进行阐述时，弗鲁姆说："当一个人在结果难以预料的多个可行方案中进行选择时，他的行为不仅受其对期望效果的偏好影响，也受他认为这些结果可能实现的程度影响。"

那么，怎样使激发力量达到最佳值呢？弗鲁姆提出了期望模式的概念，由四个因素构成（见图1-6）。

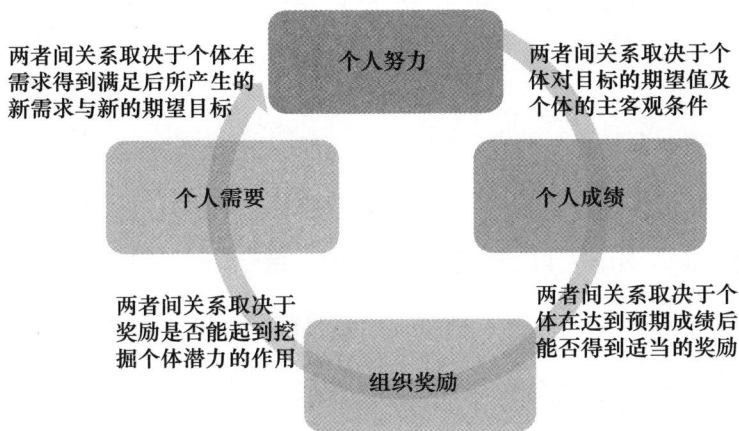

两者间关系取决于个体在需求得到满足后所产生的新需求与新的期望目标

个人努力

两者间关系取决于个体对目标的期望值及个体的主客观条件

个人需要

个人成绩

两者间关系取决于奖励是否能起到挖掘个体潜力的作用

组织奖励

两者间关系取决于个体在达到预期成绩后能否得到适当的奖励

图 1-6　期望模式

弗鲁姆期望理论是在目标尚未被实现之前，研究目标对人的影响。管理者需要研究在什么情况下使期望小于现实，在什么情况下使期望等于现实，以更好地调动员工的积极性。

（1）期望小于现实，就是实际结果大于期望值。通常在正强化的情况下产生积极心理，在负强化的情况下产生消极情绪。例如，企业某类员工期望获得加薪，最终的方案超过员工原本期待，即期望小于现实。例如，某员工工作中出现错误，企业做出的处罚决定超出其预期，也是期望小于现实。在假定企业做出的加薪和出发决定都是正确的前提下，前者有助于长期提高员工工作的积极性，后者虽然会使员工陷入失望情绪中，但也会起到警示作用。

（2）期望等于现实，相当于期望的结果在预料之中，现实不多也不少。这种"恰如其分"的激励能够提高员工的积极性，但力度要小一些，而且持续的时间也相对短一些。如果后续没有继续给以激励，积极性则会逐渐下滑到基础水平，直至消失。

（3）期望大于现实，就是实际结果小于期望值。在正强化的情况下会产生挫折感，会削弱激励力量；在负强化的情况下有利于形成感恩心理，增强积极作用。例如，企业某类员工期望获得加薪，最终的方案达不到原本期望的一半，即期望大于现实。例如，某员工工作中出现错误，企业做出的处罚决定比其预想的好得多，也是期望大于现实。在假定企业做出的加薪和出发决定都不够正确的前提下，前者必将打击员工的工作积极性，产生消极情绪；后者则因为做好了受更严厉惩罚的准备，现实则超出预期，反而激起了积极性。

恰当的目标能给人以期望，使人产生心理动力，激发热情，行为积极。个体因为差异不同，目标也不相同，即便是同一个目标在面对不同人的时候也会形成不同的价值。因此，只有具体问题具体分析，才能正确设置目标。

通常情况下，设置目标有以下两项原则和五项注意：

1.两项原则：

（1）目标必须结合员工的物质需要和精神需要，员工能从团队目标中看到自己的利益。

（2）要让员工看到目标实现的可能性，以提高员工的期望概率。

2.五项注意：

（1）组织的集体目标与员工的个人目标相一致。

（2）目标既要有挑战性，又要有科学性。

（3）在总目标之下划分若干个阶段性小目标。既提高员工的期望概率，又便于通过信息反馈检查落实，以实行目标的定向控制。

（4）做好目标随主客观环境变化，进行修正或改变的准备。

（5）目标必须具有严肃性，不可能频繁变动。

X-Y 理论：工作本身的激励更加重要

所谓"X-Y理论"更应该被称为"X-Y假设"，首次见诸于美国社会心理学家道格拉斯·麦克雷戈所著的《企业的人性面》一书中，作者基于对人性的不同看法——"性本恶"和"性本善"而形成的理论。

其中，"X理论"（"X假设"）代表"性本恶"；"Y理论"（"Y假设"）代表"性本善"。

"X理论"的基本内容有以下6点：

（1）多数人天生是懒惰的，都是尽可能逃避工作。

（2）多数人没有大志向，宁愿被别人领导。

（3）多数人在工作时不愿负任何责任。

（4）多数人容易上当受骗，容易被煽动愚弄。

（5）人生来就以自我为中心，只关心个人利益，对集体利益漠不关心。

（6）人在本性上都抵制变革。

"Y理论"的基本内容有以下6点：

（1）多数人都是勤奋的，要求工作是人类的天性。

（2）多数人能够主动承担责任。

（3）多数人在执行任务中能够自我指导和自我控制。

（4）多数人都具有解决问题的承受力、想象力和创造力。

（5）个人追求、欲望满足与组织需要没有矛盾。

（6）在现代工业条件下，多数人的潜力只用了一部分。

需要指出的是，"X理论"和"Y理论"都属于相对极端的观点。"X理论"在"性本恶"的基础上加以延展，更适合低层次需求不能得到满足的情况下；"Y理论"在"性本善"的基础上进行讨论，更适合低层次需求已经得到满足的前提下。因此，"X理论"和"Y理论"只是给我们提供了思考问题的角度，在使用时要根据企业现状和个体因素综合考量。

"X理论"完全依赖对人的行为的外部控制，"Y理论"则主要依靠自我控制和自我指挥。

"X理论"管理要点有以下3点：

（1）管理部门负责组织企业的资金、物资、设备、人员等要素。

（2）管理部门指挥、激励、控制并纠正员工的行为。

（3）管理部门可以通过分派、命令、说服、奖励、处罚等方法对员工进行指挥。

"Y理论"管理要点有以下3点：

（1）管理部门负责将企业的资金、物资、设备、人员组织起来。

（2）通过管理，员工具备发展的潜力、承担责任的能力、服从组织目标的意愿。

（3）管理部门的根本任务是改善工作条件和安排工作方法，使员工集中精力于总目标。

通过上述对比，可以得出以下结论（见表1-1）。

表 1-1 "X-Y 理论"的对比

项目	X 理论	Y 理论
员工的工作态度	厌恶工作，有可能逃避	喜欢工作，主动工作
员工心理	喜欢被人领导，逃避责任	寻求责任，希望在工作中运用想象力和创造力
管理层对指导的看法	必须被知道、迫使、监督，才能尽力工作	员工自我激励，努力实现企业目标
管理风格	"独裁式" + "监督式"	"参与式" + "社团式"

显然，"Y理论"对人性的假设有积极的一面，有助于争取员工的支出。现代企业管理也已经证明，"Y理论"的尊重员工和相信员工的理论基础，更容易被大多数人接受，有利于激励和调动员工的工作积极性。

但并不代表"Y理论"就十分正确，更不代表其能适应任何情况。因为现实中确实存在"X理论"假设的不努力、不负责的人，对于这些人不可能因为实施了"Y理论"就会轻易转变，因此加强监督还是非常必要的。因此，也就说明了"X理论"并非完全错误。在实际管理工作中，要将两者结合起来，根据不同情况灵活运用。

根据"X-Y理论"的观点，管理人员的职责和管理方式应是：创造出使员工得以发挥才能的工作环境，消灭因监管不力引发的平均主义，使员工尽情挥洒潜力，在为实现组织目标努力拼搏的同时，实现自己的目标。此时的管理者做的已不仅仅是指挥、调节、监督，更是辅助、支撑和分享。

公平理论：报酬的相对量比绝对量更能影响一个人

1962年，《工人关于工资不公平的内心冲突同其生产率的关系》问世，这是一本极具影响力的书，作者是美国行为科学家斯塔西·亚当斯和罗森鲍姆；1964年，亚当斯指导学生完成《工资不公平对工作质量的影响》，巩固了前书理论；1965年，亚当斯完成《社会交换中的不公平》，将不公平对于社会的各种影响进行了透彻阐述。

在这三本书中，亚当斯都反复提到了一个词——公平，进而产生了公平理论。该理论侧重于研究工资报酬分配的合理性、公平性及对员工生产的影响。

亚当斯对公平理论的阐述是："职工对收入的满意程度能够影响职工工作的积极性，而职工对收入的满意程度取决于一个社会比较过程，一个人不仅关心自己的绝对收入的多少，而且关心自己的相对收入的多少。"

没有对比就没有伤害，但人性中偏偏有对比这一项。方方面面都可以对比，但比较最多的还是个人收获。在现实工作中，每个人都会进行纵向比较和横向比较，纵向比较是自己与自己比，横向比较是自己与他人比。

（1）把自己现在的投入（学习程度、所做努力、工作时间、其他无形损耗等）和所获报偿（金钱、职位、地位、被认可程度等）进行性价比估值，并对自己过去的投入和所获报偿进行性价比估值，再将两个估值进行比较，这种历史比较就是纵向比较。

（2）对自己的劳动付出和所得报偿进行价值性估值，同时对他人的劳动付出和所得报偿进行价值性估值，再将两个估值进行比较，这种社会比较就是横向比较。

比较的目的不只是要找出差异，也为了维持公平感。如果发现自己现在的投入产出比与过去的投入产出比对等，或自己的投入产出比与他人的投入产出比对等，就会认为公平、合理，从而心情舒畅，努力工作；如果发现自己现在的投入产出比与过去的投入产出比不对等，或自己的投入产出比与他人的投入产出比不对等，就会产生不合理和不公平感，内心不满，工作积极性随之降低。

由此可见，人们从来都不只关心自己所得报偿的绝对量，还关心自己所得报偿的相对量，需要不断通过比较来确定自己所获报偿是否公平合理。公平就能起到激励的作用，不公平则会起到消极的作用。

公平的实质是平等，它体现在对人格及其权利的尊重上。对于员工的公平感，不仅员工个人在意，企业管理人员更要在意，要采取正确的方法帮助员工感受到公平。在采取方法之前，首先要明白如何发现员工的不公平感，才能在未来采取正确的应对措施。根据纵向比较和横向比较，可以设定两个公式：

公式一：OP/IP=OC/IC

公式含义：员工对自己的投入产出比的感知与对他人的投入产出比的感知是对等关系。其中：

OP——对自己所获报偿的感觉

IP——对自己所做投入的感觉

OC——对他人所获报偿的感觉

IC——对他人所做投入的感觉

当上式为等式时，说明员工得到了公平对待。当上式为不等式时，说明员工没有得到公平对待，可以分为两种情况进行讨论（见表1-2）。

表 1-2　公式 OP/IP=OC/IC 的两种不等式情况

公式	解释	情况说明
OP/IP>OC/IC	员工对自己的投入产出比的感知，大于对他人的投入产出比的感知	员工会在短期内提升自己的工作努力程度，但也会因此重新评估自己的技术水平和工作状况，最终认为其确定应该得到高一些的待遇，不会因此产生感激或者短暂地产生感谢，业绩在不久之后就会降回到曾经的水平。如果想让该员工进一步提升业绩，需要付出更高的待遇
OP/IP<OC/IC	员工对自己的投入产出比的感知，小于对他人的投入产出比的感知	（1）增加左方：员工会要求在工作方式不变的情况下增加自己的收入，或者在其收入不变的情况下减少工作量和降低工作压力。 （2）减少右方：员工会要求组织减少其比较对象的收入或者增加其比较对象的工作强度

公式二：OP/IP=OH/IH

公式含义：员工对自己过去的投入产出比的感知与对自己当下的投入产出比的感知是对等关系。其中：

OP——对自己当下所获报偿的感觉

IP——对自己当下投入的感觉

OH——对自己过去所获报偿的感觉

IH——对自己过去投入的感觉

当上式为等式时，说明员工从过去到现在得到了公平对待。当上式为不等式时，说明员工当下没有得到公平对待，可以分为两种情况进行讨论（见表1-3）。

表 1-3　公式 OP/IP=OH/IH 的两种不等式情况

公式	解释	情况说明
OP/IP<OH/IH	员工对自己当下的投入产出比的感知，小于对过去的投入产出比的感知	员工会因此产生不公平感，导致工作积极性下降
OP/IP>OH/IH	员工对自己当下的投入产出比的感知，大于对过去的投入产出比的感知	员工不会产生不公平感，但也不会觉得自己多拿了报偿，从而主动多做工作

成就激励理论：人人都有"做出成就的动机"

美国哈佛大学教授戴维·麦克利兰从20世纪四五十年代开始，对人的需要和动机进行研究，提出了著名的"三种需要理论"。

麦克利兰认为，人除了最基本的生存需要之外，还有三种更重要的精神需要——成就需要、权力需要和亲和需要，并依此提出了成就激励理论。该理论指导性地给出了实践中对有强烈成就需要的人应该采取什么样的激励措施。

1.成就需求。

成就需求是一种争取成功，希望做得最好的需求。通常情况下，具有强烈成就需求的人渴望将事情做得更完美，以获得更大的成功。在争取成功的过程中，克服困难、解决难题，并取得相应的成就，对他们来说是一种难得的乐趣，可以获得成功之后的个人成就感。因此，高成就需求者更喜欢那些具有一定挑战性的工作，他们反感凭运气捡到的成功，认为那不是成功，只是暂时的幻象。

成就需要可以创造出富有创业精神的任务，成就需要强烈的人由于时时想着如何把工作干得更好，往往能够做出成就。因此，一个公司如果成就需要强烈的员工很多，往往就会经营顺畅、发展迅速。对于国家发展也是如此。这类人总是精心挑选目标，并严格的一步步实施。如果目标达成，会要求得到相匹配的荣誉；如果目标未达成，也勇于承担责任。

通常情况下，高成就需求者具有以下3个特点：

（1）在选择目标时避免没有难度或难度过大。没有难度的机会主义，即便成功也没有成就感。难度过大的盲目冒险，难有成功的机会，也就难有成就感。因此，他们会分析目标的难易情况，选择他们认为能够取胜的最艰巨的挑战，以期待获得最强烈的成就感。

（2）喜欢能立即给予反馈的工作。了解目标的进度情况，对他们来说非常重要，因此希望得到有关工作绩效的及时明确的反馈，从而掌握自己的工作效果。

（3）物质奖励对高成就需求者的影响很复杂。一方面，他们并不看重成功所带来的物质奖励；另一方面，金钱是成绩和地位的鲜明标志之一。因此，虽然不能确定物质对他们的激励作用有多大，但如果他们的薪酬无法匹配出色的工作业绩，就会产生不满。

2.权力需求。

权力需求是一种影响或控制他人，且不受他人控制的需求。不同人对权力的渴望程度也表现得不同，权力需求较高的人对影响和控制别人表现出很大的兴趣。比如，喜欢对别人"发号施令"，注重争取地位和影响力。表现为喜欢争辩、健谈、直率和头脑冷静；善于提出问题和要求；喜欢教训别人、并乐于演讲。他们喜欢具有竞争性和能体现较高地位的场合或情境，他们也会追求出色的成绩，但他们这样做并不像高成就需求的人那样是为了个人的成就感，而是为了获得地位和权力或与自己已具有的权力和地位相称。权力需求是管理成功的基本要素之一。

麦克利兰将管理者的权力分为两种：一是个人权力，特征是围绕个人需求行使权力，在工作中需要及时反馈或亲力亲为；二是职位性权力，要求管理者与组织共同发展，从中体验到行使权力得到的满足。无论是个人权力，还是职位权力，他们在争取的过程中喜欢让自己处于具有竞争性的场合或情境中，他们这样做并不是为了获得成就感，而是为了获得与成绩相对应的地位、权力，或者是能够获得地位、权力的机会。通过竞选获胜的人往往具有这样的特征，他们适合担任社会组织的领导工作。

3.亲和需求。

亲和需求是一种建立友好亲密的人际关系的需求，也是寻求被他人喜爱和接纳的一种愿望。高亲和需求者喜欢主动与他人进行交往，并享受交往带来的愉悦感。因此，他们喜欢合作而不是竞争的工作环境，希望彼此之间的沟通与理解，对环境中的人际关系更为敏感。一些时候，亲和需求是负面的，表现为因担心失去某亲密关系而恐惧和对人际冲突的回避。这样的人在组织中容易与他人形成良好的人际关系，易被别人影响，因此往往在组织中充当被管理的角色。高亲和需要者渴望亲和，喜欢合作而不是竞争的工作环境，对环境中的人际关系更为敏感，希望彼此之间的沟通与理解。

麦克利兰指出，注重亲和需求是保持社会交往和人际关系和谐的重要条件，但如果过于注重亲和需求，会因为讲究交情和义气而违背或不重视管理工作原则，导致不公平、不合理现象的出现，从而会导致组织效率下降。

帕累托最优理论：员工激励最佳人效配比

帕累托最优(Pareto Optimality)是以意大利经济学家维弗雷多·帕累托的名字命名的，关于经济效率和收入分配的研究中最早使用了这个概念，也称为帕累托效率（Pareto efficiency）。帕累托最优和帕累托改进，是博弈论中的重要概念，广泛使用于经济学、工程学方面，在管理学和社会科学中也有其发挥的领域。

帕累托改进（Pareto improvement），是指一种变化，在没有使任何人境况变坏的情况下，使得至少一个人变得更好。从市场的角度来看，如果一家企业能够做到不损害客户、供应商、金融机构或雇员等相关联者利益的前提下又为自己争取到利益，就可以进行帕累托改进，这就意味着能够产生双赢或多赢的局面。

帕累托最优、帕累托改进是推动人类进步、科学社会发展的不竭动力，它广泛存在和作用于社会的一切领域。在人力资源管理理论研究和实践操作中，能够将帕累托理念，运用在合理配置薪酬绩效的管理、优化激励制度设计、持续提高企业的人均效能，将使企业管理步入精益改进、良性发展的轨道。

我们追求"帕累托最优"的过程，目的就是充分利用有限的人力、财力、物力，优化资源配置。争取实现以最小的成本创造最大的产值和收益。也就是说，通过帕累托改进让企业老板不必加大人工成本投入，通过管理革新、优化激励手段等方式保障员工收益的提升，同时保障企业战略目标的实现。在企业管理实践的过程中，不断追求人均效能的增长，这也是追求"帕累托最优"的过程。

人均效能常用来衡量企业人力资源的价值，形成一种计量现有人力资源获利能力的指标。不同行业企业的人均效能评价标准不同，以地产企业为例，人均效能主要指标为净利润/人力总成本，人均效能越高于同行业企业，说明企业的管理能力和员工能力越高于同行业企业。另外，还可以从人均税后利润、人均开发面积、人均设计面积、人均招采面积、人均成本管理面积、人均工程建设面积、人均销售面积等常规指示进一步分析细化管理优劣势差距。

帕累托改进是促进企业精益管理的理论基础，在人力资源管理实践中，招聘配置、任用培训、分配激励，是一个非常复杂的系统工程，这其中涉及员工的切身利益，必须坚持科学合理、公平公正，做到"人尽其才、才尽其用"，通过不断优化企业的激励机制，使得员工在获得收益的同时为企业创造出更大的价值，才能做到"各得其位、各得其利"。

第二章
员工本源属性催生信任激励

《人性的弱点》是管理学大师戴尔·卡耐基的经典名著，其中对人性的薄弱环节进行了深入的剖析。企业管理离不开激励，激励的最大效价来自与人性的对接，当激励针对人性中的弱点时，效价才能达到最高。虽然个体的弱点各不相同，但整体差异却很小，具体可以概括为受到尊重、公正对待、给予信任、因才定位、情感维系、坚守规则、自尊保护等。

尊重和公平是价值的导向力

人既有自然属性又有社会属性。所谓自然属性是指人的肉体存在及特性；所谓社会属性是指在实践活动的基础上人与人之间发生的各种关系。在家庭里扮演着孩子、父母的角色，在学校里扮演着学生、教师的角色，在公司里随着职位晋升会有各种职位角色。受到尊重和得到公平是人性中最光辉的两个闪光点，每个人都希望自己能得到别人的尊重，感受到公平对待。

即便是管理与被管理的关系，被管理者也不希望自己因为职位低而不受尊重。职位只是一种表象，是一个人在社会中承担不同责任的体现。而且企业里的职位不是固定的，不能世袭也不能享受终身，有些人如今是基层员工，渐渐的成长为管理者，而有的人如今是管理者，将来也可能业绩不佳降职为被管理者。还是那句老话，尊重别人就等于尊重自己。

公平是指人们在社会、政治、经济、法律等方面享有相等待遇，分配公平也不应该以职位高低而论，而是应该以贡献价值的大小来论，贡献大的就多收获，贡献小的就少收获，没贡献的就不收获。公平与否是能够感受到的，所谓公平既是自己的付出与收获对等，也是自己与别人对比后付出与所得对等。

在企业管理中，尊重他人和公平待人是管理者必备的两项基本素质，如果在管理中缺失了尊重与公平，激励政策制定的再细致、执行的再到位，监督的再严格，也是无用的。因为基础缺失，底层是空的，上层将难以长久。

但是，尊重和公平不能只是说说而已，要真真正正地去践行，直至根植于企业的精神土壤中，所有的激励机制都应该建立在尊重被激励对象，公平透明的激励的原则。当企业文化与员工价值观相统一时，企业文化才能充分体现对员工的尊重。当企业文化能够让激励实施保持公平时，员工才会积极地参与生产获得报酬。并且为企业优秀的文化品质感到骄傲，会全身心地投入企业的生产管理建设中。

1.尊重是多个层面的。

管理学大师拿破仑·希尔曾说："尊重是加速员工自信力爆发的催化剂。"正因如此，尊重激励是基于人性的一种最基本的激励方式。

在企业内部，尊重应该普遍存在于多个层面，对内是股东与职业经理人之间的尊重，管理层与员工之间的尊重，员工之间的相互合作与尊重。将企业所有者、管理班子、员工团队三方面凝聚成合力，才能够充分尊重、解决分歧、化解矛盾、科学规划、统筹兼顾、精诚合作、奖勤罚懒、公平分配。

在企业外部，尊重也应该延伸到企业之外，企业的新老客户包括与企业有业务往来的各类供货商和经销商等，都要秉持尊重为本的原则，以真诚友好的态度面对每一个人和每一个合作方，建立和保持长期、密切、良好的业务往来，建立招标管理及廉洁管理制度，以公平、公正、透明为原则，建立企业长期共赢的战略合作关系。

2.尊重和公平不能只停留在口号阶段。

在公司的年会上常听到企业管理者说"公司的成绩是全体员工共同努力的结果"此类的冠冕堂皇的话。表面看起来，管理者承认员工的付出和努力。但如果员工因此想争取一些薪酬、加班工资、年假、福利等各项利益时，管理者就会忽视这些对员工的肯定，而去关注成本和股东收益。员工就会感受到，原来企业"尊重员工价值和贡献"只是口号，没有得到真正的落地。当尊重员工成了空谈，公平对待也就随之落空，员工的消极怠工的前提一定是因为受到鄙薄和轻视，付出与得到不能平衡，进而产生对抗心理。缺乏工作积极性和对企业的认同感，不遵守劳动纪律、出工不出力、遇到责任推诿、算计个人得失、做损公利己的事情。

信任与监督是相辅相成的共生体

三国时期，曹操与袁绍决战于官渡。大战之前，实力偏弱的曹操阵营中一直人心惶惶，多数人都对曹操不抱希望，认为袁曹双方实力差距太大，袁绍号称70万大军，曹操只有几万人马，根本没有希望获胜。于是，曹操阵营中很多人开始利用各种关系与袁绍阵营中的文臣武将私下沟通关系，希望能在曹操失败后给自己找条出路。

结果是曹操取得了官渡之战的胜利，在清理袁绍逃走后留下的文件时，发现了很多曹操阵营中的官员与袁绍阵营中的官员私通的信件。有人建议全部拆开，找出所有"墙头草"，并严惩不贷。就在这些下属人心惶惶以为要大难临头之际，曹操下令将这些信件不拆封、全部烧毁。曹操说，在袁绍实力强大之际，连我都对能否获胜没有信心，何况其他人呢！

一个聪明的老板，不会让员工在自己与利益之间做选择，而是竭力创造彼此共同的利益。

有一名以建造的房屋华丽稳固而出名的建造师，年纪大了，快要退休了，老板希望他再建造最后一栋房屋。建造师以自己年纪大了无力再进行浩大工程，把建造任务推荐给了自己的徒弟……最后老板说，这房子是我送给建造师的退休离别礼。建造师悔之晚矣。

这个故事里的老板看似给建造师惊喜，其实在故事结局告知真相的时候，这一举动意味深长。他用隐性又刻意的方式去考验建造师的人性。建造师尽心竭力把一生献给了工作，却在最后一次的考验里，交出了人生不及格的答卷。可以看出，一开始老板就有考验建造师的心态，说穿了就是基于对建造师的猜忌和不信任，他的别有用心，具有一定的欺骗行为。类似的事情，在生活中也许一直在上演。用金钱去考验感情的真诚度，用一份更好的工作去考验员工忠实度。人性的光辉需要在一片净土上方能熠熠生辉。因此，培育使人善良的土壤远远比考验人性更重要。

从该案例可以看出，信任是最好的投资，也将得到最好的回报。作为企业家需要有这份胸襟，去信任跟自己共同打拼的人。在企业这条共同的大船上，每个人都明白一荣俱荣，一损俱损的道理，其实作为员工是希望借助企业的平台实现自己的价值的，这种"借力而为"的方式比自己赤手空拳去商场创业打拼要容易得多。企业家要看清楚优秀员工的一展宏图的雄心壮志，就要给予足够的信任和支持，帮助配备必要的团队和工作条件，明确共同的战略目标方向，完备长期短期激励体系，在过程中不断地帮辅协同。

信任与监督是一对相辅相成的共生体，如果仅有信任而没有监督，就会使人放松思想，丧失警觉和责任；反之只有监督没有信任，上下级之间就很难有默契配合；无论缺失信任或监督之中的任何一种，最终都会导致事业受阻。曾经大名鼎鼎的巴林银行，就因为对操盘人毫无节制的信任，在很短的时间内便轰然倒塌。这个导致巴林银行覆灭的人叫尼克·里森，曾经是国际金融界的"天才交易员"，在日经225期货合约市场上，有着"不可战胜的里森"之称，历任巴林银行驻新加坡巴林期货公司总经理、首席交易员。

这样的职位在全世界大型银行中并不算稀有，掌握同等权力的人有很多，但因为巴林银行管理缺失，导致里森这样的经理变相有了一个令人羡慕的权力——能够任意购买他们认为看涨的股票、期货，不用上报，也不用接受监督。

虽然后来巴林银行高层解释说，这是为了让管理层们能够得到重新信任，并放手去做事，才没有对监督进行明确规定。1994年下半年，里森认为日本经济已开始走出衰退，股市将会在不久的将来大涨，于是大量买入日经225指数期货合约和看涨期权。但次年1月，日本关西大地震，股市暴跌，里森所持有的期权遭到重创。事情如果到此为止，并不能撼动庞然大物般的巴林银行，对于里森也不会有太大的名誉损失，毕竟天灾是谁都不能预料的。

可是，里森决心要反败为胜，再次大量补仓日经225期货合约和利率期货合约。这种以杠杆效应放大了几十倍的期货合约，完全是一种赌博行为，每下跌一点都将让巴林银行蒙受巨大损失。不到一个月的时间，里森所持有的头寸损失就接近整个巴林银行集团资本和储备之和。而且巴林银行的危机给本就深跌的日经225期货造成了更大的恐慌性下跌。最终这家有着233年历史的、在英国曾发挥重要作用的银行宣布破产。

信任只有在安全系数的保证下，才能发挥威力。失去了监管的信任，就等于掺杂了魔性，盲目的信任将成为不可控制的魔兽，最终给企业带来巨大的风险。当然其自身也受到社会舆论、道德、制度甚至法律的严惩。只有将监督看成是一种机制，不是针对谁，与谁过不去，而是依靠制度的力量，才能达成工作目标。与其说监督是一种约束，不如说监督是爱护和信任。

忠诚与诚信是互相的催化剂

我国古代店铺的门口，一般都写有"货真价实，童叟无欺"八个大字，自古在商品买卖中，就提倡公平交易、诚实待客、不欺诈、不作假的行业道德。在当代中国，诚实守信的美德也得到了发扬光大。这种美德表现在工作和学习上，就是专心致志、认真踏实、实事求是；表现在与人交往中，就是真诚待人，互相信赖；表现在对待国家和集体的态度上，就是奉公守法，忠诚踏实。

各公司的通用能力素质模型中都有要求员工忠诚的选项，忠诚于自己的公司是员工必备的基本品质。员工把个人的利益与公司利益相统一，处处为工作着想，事事从公司角度出发，企业在顺境时需要员工积极工作、发挥聪明才智；企业在逆境时更需要员工忠诚团结、共渡难关。但是不少企业只要求员工对企业忠诚对老板忠诚，很少反省企业是否对员工讲诚信，其实忠诚与诚信是平等的、互动的、互利的模式。企业要精心构筑员工认可的经营理念和文化价值观，引导员工遵守并在工作得到展现，形成企业发展的强大推动力。

如果企业管理者希望下级对自己忠诚，必须做到以下两点，也就是怎么做到对下级的尊重和信任。

1.上级对下级需要讲信誉。

信誉是忠诚非常重要的组成部分。在企业内部，不止是员工向企业做的保障一定要兑现，企业管理者向员工做的保障也一定要兑现。

某工厂老板在公司年会上宣布，今年公司产值达到3个亿的目标，年底之前更换老旧的机器设备。车间的员工听到这个信息很激动，这样一来，员工操作会更方便快捷，提高了效率可以赚到更多的奖金。到了年底目标任务基本完成，但工厂仍然丝毫没有更新机器设备的打算，生产厂长去问老板原因，老板说："我看机器还能再用一年，大家坚持一下，旧设备也还是能完成3个亿产值的，不能浪费嘛！"生产厂长听了悻悻而归，厂区工作积极性瞬时下滑，甚至有几名员工已经开始筹划来年换一家日资同行企业了。

还有一家省级代理保健品公司，因为经营得当，赚到了比同行更多的利润，老板一时高兴向员工承诺秋季带公司全体员工去三亚旅游，并且每名员工还可以带一名家属，费用公司全包。到了初秋季节，员工们都在畅想着何时履行，老板却对大家说："原定可以带家属，费用确实很高，公司也没有为家属谋福利的义务，所以这次旅行就不带家属了。"准备带上家属的员工顿时泄了气，早就跟家人打好招呼了，如今要怎样交代呢？后来虽然员工们也去旅行了，但很明显大家都不是很高兴，旅游的氛围差了很多。

"人无信则不立"这句话对企业管理具有现实指导意义，企业管理者在向员工承诺时，一定要三思而说，不轻易许诺，一旦承诺，就必须要做到，不可失信于员工。古今中外，所有的团队文化都离不开团队负责人的个人魅力和精神领袖的影响。领导人是一个团队的核心灵魂人物，员工是以领导人作为标杆和榜样的，团队领导人一诺千金，员工的忠诚度都不会差，选好带头人，至关重要。

2.上级对下级的工作指令不能朝令夕改。

很多企业管理者只是将命令当成命令，认为这是自己作为管理者必须要有的一项权力，所以自己有绝对命令权，也有修改和取消命令的权力。在管理与被管理关系中，管理者的命令权是必须要得到保护的，否则将会不利于管理工作。但这并不意味着管理者可以无限度地随意发布命令、更改命令和取消命令。

在咨询客户中，有些民企老板在某培训班听过一些"集团管控"课程，回来后就要求公司按照集团事业部配置部门及职位，造成管理流程复杂、人员冗余；过了一年，老板又去培训了"砍掉成本"课程，回来后组架改成扁平化并大量裁减人员，造成车间里操作工和质监员兼岗，质量风险加大……

员工工作是完成上级工作计划的指令，因此上级在下达命令时一定要慎重，一定要有前瞻性、全局性。上级更改命令往往只是上嘴唇碰下嘴唇，员工却是要通盘推倒重来。如果经常出现这种情况，员工前期付出的劳动成果成了无用功，工作失去了动力，会出现消极怠工，等待上级哪天又要变动指令。

假如老板被员工确立了"无诚信"的标签，员工绝对会反馈给老板"不忠诚"，恶性循环的关系就是这样建立起来的。因此，企业管理者一定要有企业目标管理、工作计划和预算管理，才不会脚踩西瓜皮滑到哪里算哪里，在管理中多讨论分析，切忌武断和一言堂。

攀高和比强是人性的原动力

你是否记得，上学的时候每个教室后面都有"黑板报"，上面会列出日常表现好的学生的名字，还会在名字后面进行分类标注排名。被列在"黑板报"上的学生一定会感觉到荣耀，就会在接下来的学习中继续努力，期望将这份荣耀持续下去。没被列在"黑板报"上的学生也会因此被激励（虽然不是对所有学生都适用），毕竟被公开表扬是一种莫大的荣誉，与人性中的获得认可感是相通的。

这种方式不仅可以应用于学生时代，在企业管理中也同样适用。很多企业也有类似公开展示板或公司网站、微信公众号等新闻栏、宣传栏的设置，将一些优秀员工的名字列在上面，并将员工的优异表现也写上，能够起到榜样激励作用。而且，这类源自内心的、主动的接受激励的员工，会在工作中不断鞭策自己。让自己"上墙、上网站"只是表面的追求，真正的追求是让自己的能力业绩与企业一起强大起来。

那么，企业管理者是否知道在实施"数据上墙"过程中，有哪些需要注意的问题？

1.公正是第一位的。

谁能上墙，谁该上墙，谁必须上墙，必须要有坚实的依据，就是要建立在公平公正的基础上，以考核成绩为标准的考评方式。在每名员工都执行考核的状态下，在确保考核评价有效监督的机制下，最终确定哪些员工的成绩够资格"上墙"，就将这些员工的业绩公布上墙，并附带照片。既能对内起到榜样作用，又能对外起到展示作用。

2."上墙"要讲究方式。

优秀员工"上墙"是需要讲究方法的，不能随随便便地列举上去。最基本的方式是将"上墙"员工分出类型和级别。有些是因为业绩突出"上墙"的，有些是因为工作认真积极"上墙"的，还有一些是因为提升幅度大"上墙"的。每种类型也要进行排名，排名的标准只有一个——成绩或评分高低。

3.不考虑职务级别因素。

很多企业管理者也知道"上墙"是一种很好的激励措施，但在确定"上墙"人选时，却不是依照统一标准，而是有一些特殊规定，如职务高的必须"上墙"；部门有"上墙"的，其领导必然"上墙"；由各部门领导者决定"上墙"人选。显然，这种结合特殊因素的方式是有失公允的，没有"上墙"的人不会认为是自己不够努力，"上墙"的人也不会得到大家真心的尊重与敬佩，那些该"上墙"却没能"上墙"的人则会心生抱怨。

4."上墙"要结合实际的物质奖励。

"上墙"在短时间内可以产生激励效果，但时间长一些就会失去激励效力。而且，首次"上墙"活动的激励效果最好，当陆续实施几次后，员工的新鲜度就会下降，就会渐渐对这种方式有了"免疫力"。因此，"上墙"一定要结合实际的物质奖励，将精神激励与物质激励相结合。物质奖励的注意要点有以下三项：

（1）物质奖励的力度。很多企业在对"上墙"的员工实施奖励时，给出的是书籍、洗护用品、床上用品等。这种毛毛雨似的奖励根本无法提起员工的兴趣，物质奖励的力度要够一定的分量，能够让员工眼前一亮。但也要注意力度不能过猛，毕竟奖励的目的是要激起员工的工作积极性，一次力度过猛之后，会让员工对下一次的奖励充满期待，如果每次都大力度奖励，对企业管理成本也会产生影响。发放电子产品、全家游乐场门票、购物卡、现金红包等，既让员工感受到奖励的价值也极具使用性。对于各种特殊贡献的专项目奖励，可加大发放金额的力度，不在此激励行为之内。

（2）物质奖励的时效。无论哪种奖励都必须在奖励公布之后的第一时间予以发放。但总是有很多企业管理者对这一点不够重视，甚至还有的企业管理者将奖励当成了"杀手锏"，要求员工在做好下一次考核期间的工作后，才发放此次奖励。激励失去了时效性就变成了愚弄员工的游戏。

（3）物质奖励的真诚。很多企业管理者认为，对员工表达真诚的方式就是奖励高价值的物品或大额度奖金。但这种方式与真诚并不完全画等号，员工能从中感受到企业对自己的重视，却无法感受到企业对自己的需求。所以，每次发放奖品或奖金时，要有一个小仪式，让员工团队中形成攀高比强的竞争氛围，让员工代表可以发言总结自己的优秀成果，员工在接受奖励的那一刻，员工的心是暖的，激动的心情溢于言表，他们从中感受到了企业对自己的认可，这种行为能带动更多的同事比优赶超，积极宣传企业的正能量。

让员工看到企业的未来

热爱一项工作，是做好这项工作的前提，而热爱的前提是找到自己喜欢的工作，并在工作中得到乐趣。能否找到自己喜欢的工作，取决于员工个人，但能否让员工在工作中发挥特长并且得到乐趣，则取决于人岗匹配。我们常说把适合的人放在适合的岗位上，过高或过低的人岗配置都会导致工作业绩的失败。当前，各类管理软件市场丰富，可以利用各类人才测评软件，以及测评工具达到人岗最优匹配。那么，从企业管理者的角度如何做好自身的管理才能吸引和留住优秀的员工，是我们需要重新思考的问题。

1.成为员工最佳雇主。

随着人们生活水平的提高，个人生活与职业质量问题日益明显，人们的物质条件有了初步的改善，全名简单的经济因素的激励失去了作用，致使传统金钱物质激励的方法受到局限。在提高员工满意度，改善管理中的雇用关系成为一个很重要的影响管理质量及生产效率的重要因素，"最佳雇主"应运而生。企业的盈利能力、企业文化、企业的社会责任及企业的人力管理，是成为"中国最佳雇主"的必备条件。是不是好的雇主关键指标在于能否吸引和留住员工，这也是企业在不确定经济环境及共生时代下突围的关键因素之一。作为企业的管理者不仅要研究客户的需要，也要明白员工想要什么。职场里的员工关心的主要问题（见图2-1）。

		工资收入			宿舍条件
		资金		后勤保障	职业病保护
	物质回报	福利津贴			休闲娱乐场地
		社保公积金		工作作息	加班制度
		假期	工作背景		请假制度
工作日报		成就感		工作配备	设备配备及保养
	精神回报	尊重与关怀			新资源、新技术配备
		个人能力发挥			工作氛围
		表扬与鼓励		工作环境	环境舒适度
		培训			上下班交通距离
	成长与发展	职位晋升			制度完善
		能力提升		管理制度	管理创新
	奖罚管理	奖励机制			管理者才能
		评优、处罚	企业管理		认同感、归属感
		沟通交流		企业文化	价值取向
工作群体	内部和谐	工作配合			文化实施行为
		团队精神			盈利能力
	人员素质	品格修养		发展远景	企业远景
		学识经验			个人发展

图 2-1 员工关心的主要问题

2.员工的技能性格特点要与岗位的任职条件相匹配。

企业之间的竞争追根刨底是人才的竞争，人岗匹配是对组织内部的人力资源有效配置和合理使用的基础，只有尽可能使每个员工找到最匹配的岗位，才能发挥其最大的个人能动性，为企业创造最大利益。人岗匹配也叫能岗匹配，通常分成知岗、识人和善任三步完成。

知岗就是做岗位分析，是人岗匹配的基础，通过科学的工作分析法了解岗位目前所承担的岗位职责、工作内容、岗位所处的位置和作用；研究岗位任职者需要具备的能力和素质要求，形成制作岗位说明书或任职说明书。识人是关键环节，可以通过笔试面试、履历分析、心理测验、角色扮演、无领导小组讨论、文件筐等诸多方式了解候选人，麦克里兰的胜任素质模型是帮助企业识别胜任者素质的有效工具。善用是在岗位分析和素质模型的基础上，根据企业发展的不同时期将各类人才统筹管理，安排到适合的岗位，最大限度地挖掘、培养、利用员工的工作潜能，能够避免人才浪费，提高组织效能。

实践证明，首先，能岗匹配程度高的企业员工旷工率、抱怨和离职率都较低，员工的工作满意度高、工作效率高、归属感强，更愿意长久地为该企业服务；其次，能岗匹配水平高的企业能产生高的工作效率和劳动效率，其人工成本支出、与单位的效益匹配也是最合理的，能用相对较低的人工成本实现较高的经济效益；最后，能岗匹配程度高的企业也能产生较高的关联绩效，员工不仅为完成任务付出更多的热情和额外的努力，也愿意主动承担超出工作要求之外的任务，而且还会积极地团结互助，促使企业形成协调顺畅的士气和高昂的组织氛围。

3.给予员工能力素质提升培训，为将来的岗位晋升做准备。

未来的职场将是充满了竞争的职场，随着人才机制的创新，每年都有大量的新的人才加入竞争队伍中，也有人每时每刻都面临着被淘汰的危险。面对竞争，要避免被淘汰的命运，只有不断学习，而培训则是最好、最快的学习方式。现代社会职业的流动性使员工认识到充电的重要性，换岗、换工主要依赖于自身技能的高低。为了追求更高收入，员工就要提高自己的工作技能，技能越高报酬越高。

员工的工作目的更重要的是为了"高级"需求——自我价值实现。培训不断教给员工新的知识与技能，使其能适应或能接受具有挑战性的工作与任务，实现自我成长和自我价值，这不仅使员工在物质上得到满足，而且使员工得到精神上的成就。

针对员工的培训需求，企业可以设置形式多样的培训方式，建立符合自身实际情况的培训体系，聘请外部专业人士或内部有经验者对新的知识点进行讲解，外出参观考察也是培训的一种方式，还可以让员工提出在工作中遇到的具体问题，经过整理后反馈答案，并提出有针对性的问题进行深入讨论。

4.帮助员工做出职业生涯规划。

职业生涯规划是指员工的职业生涯发展自我规划管理，员工是自己的主人，帮助员工认识自我、认识职业环境，自我规划管理是职业发展成功的关键；企业协助员工规划他的职业生涯发展，并为员工提供必要的教育、培训、轮岗等发展机会，促进员工职业生涯目标的实现。

员工职业生命周期：最初进入这个组织——从专才逐步转变为通才——从技术工作向管理工作转变——从只关心工作，到更关心家庭问题的转变——从垂直上升到水平飞行的转变——从全时工作到部分时间工作直至退休的转变。

为了帮助新员工明确职业发展方向，并在职业发展过程中不断改进、提高，促进公司和个人的发展，同时保证公司对员工职业生涯指导政策得到贯彻和落实，公司实行职业辅导人制度。这是一种正式的开发性人际关系，由各部门负责人担任新员工的职业辅导人。

让员工成为企业的主人

作为一名企业管理者，你认为你的下属或者普通员工应该在企业中赋予哪些权力更利于企业的经营发展？这是哈佛大学商学院在进行一项关于企业内部权力调研时，对大中型企业的高级管理者提出的问题。大部分管理者会回答：薪资权、福利权、带薪休假权、职业安全防护。其实，正确的回答应该是：知情权、话语权、参与权。

经常会听到老板抱怨说："我每天一睁眼就要忙碌起来，公司有几十号人等着我养呢！"从员工的角度自然不会对这种"给予"心存感激，员工认为薪资福利等是通过个人辛苦劳动得来的报酬，是受劳动法保障的基本权利。

一些非国企的公司出台制度确保职工代表参与企业经营管理例会、列席总经理办公会，让广大职工全面参与企业安全管理，使职工有了更多的"知情权"，才能参与企业经营管理，提出有建设性意义的管理建议，有效地维护了职工的知情权、参与权、表达权和监督权，真正实现了民主管理，这是建立在对员工的尊重和信任之上的，是企业与员工建立更密切关系的重要方式。

企业生产是一个庞大而复杂的系统工程，管理仅靠一两个人或少数人是不行的，因为人的智慧是有限的，只有多给职工"知情权、话语权、参与权"，才能充分调动他们的工作积极性，增强他们的主人翁意识，集众人之智慧加强企业各项管理，确保企业经营生产良好运行。使职工在企业安全管理的各个方面都有更多说话、发表意见、献计献策的机会，才能充分发挥广大职工的聪明才智，集众人之智管理好企业。

当然，给与话语权并不提倡员工随意发牢骚、讲怪话，而是要有正当沟通反馈渠道和平台，及时听取员工反映工作问题。企业要引导员工对所思考的问题进行正确的理解和判断，并在员工提出建议时，帮助其做进一步分析，找出意见中有用的部分进行保留。这个过程对提意见的员工是很有激励作用的，他们花费心思思考的一些问题是有价值的，得到了企业方面的认可，就会产生一种心理上的归属感，让员工在工作中迸发出工作激情，实现企业发展与员工个人发展和谐统一。

让管理饱含情感的关怀

稻盛和夫说过："许多人认为，企业的经营，最重要的是确定经营的战略，但是我认为，最重要的是那些看不见的公司风气和员工的意识。也就是说，如果每一位员工都能够以自己的公司而自豪，都能够发自内心地为公司服务，那么这一家公司就一定会发展得很好。相反的，员工成为批评家，经常批评自己的公司。那么，这样的公司就一定会破产，经营者再努力也好不起来……"

稻盛和夫被誉为日本的"经营之圣""人生导师"，是先后创立了两家进入世界500强公司的人：京都陶瓷株式会社、KDDI通信公司。2010年稻盛和夫在78岁高龄的时候临危受命，接受日本政府的托付，以零薪水担任日航公司董事长，仅用一年时间，帮助日本航空扭转颓势，并获利1880多亿日元，使日航做到了三个世界第一：利润世界第一，准点率世界第一，服务水平世界第一，创造了又一个神话。

稻盛和夫的哲学：自利则生，利他则久。利他使得自己的视野开阔，因而发现复杂事物背后的最本质的问题。利他的动机能够焕发员工的激情和创造力，同时能让企业家由正义感产生决策力，这是一种"向善"的力量。稻盛和夫先生的成就，让阿米巴经营模式成为成功的管理模式和实践。阿米巴哲学是根基，培训共同价值观的经营人才是管理的核心目的。阿米巴经营是以利他的经营哲学为基础的，是与公司运作的各项制度紧密相关的整体经营文化管理系统。创建经营者与员工构筑家人般的人际有关系，共同参与经营管理和决策。用真情实意打动员工，用经营理念和信息共享提高员工的经营者意识，让全体员工在工作中感受到成就感，从而实现人生价值追求。

作为企业管理者，在与下级接触时，不妨向稻盛和夫学习，多与员工建立情感上的联系。人与人之间有了情感的互通，才可能建立起进一步更深入的互动。孟子告齐宣王曰："君之视臣如手足，则臣视君如腹心；君之视臣如犬马，则臣视君如国人；君之视臣如土芥，则臣视君如寇仇。"

合肥市是一座中部地区省会城市，15年前，考王书店和玉材书店在多年前堪称"教考"双璧。玉材书店的女老板是一位有魄力、有度量，很懂得体谅员工辛苦的人。在当年服务员仅有2000元/月薪资的时代，她手下的几名员工薪资都在3000元/月以上。作为一家小微书店，能在员工的薪资上给出这么高的分位，已经非常难得了。

每年有两个多月考试旺季，顾客有时候到晚上9点还会来买书，第二天清晨七点之前就有来光顾的顾客，员工非常辛苦。正常情况下，员工晚上要统计书目和数量，以便第二天进货补充。在旺季时，女老板就让三个店铺的员工在晚上轮流尽量早一点回家，她自己顶替进行统计和打扫店铺。员工中午饭都没时间出去买，女老板会买好饭，给几个店铺的员工送过去。饭菜的质量好，员工虽然很忙但心里很暖。

如果遇到丢书、被偷的情况，女老板也不会追究。毕竟旺季时顾客太多，每个店铺两名员工要兼顾算账、向顾客介绍、给顾客找书，还有学生来取统一订的资料、还要随时整理被顾客翻乱的书，工作量相当大。到了淡季，顾客越来越少，最淡季甚至一天都不会进来几个人，员工可以在店里看书学习，就等于一边拿着工资，一边干自己的事情。女老板不仅不反对，还会支持，主动帮员工找学习资料，真心希望员工能多学知识，将来能有更好的前途。

她用自己的真心感动了员工，也换回了员工的真心回报。手下的几名员工，都兢兢业业，没有一个叫苦怕累，不论是年逾五十的老员工，还是二十出头的新员工，都会主动多干。如今，这位女老板从经营十几家连锁出店后成功转行，凭借其人格魅力，在新的电商行业很快便崭露头角，成为当地商界的风云人物。

与员工建立情感联系，不应追求于一朝一夕，更不能寄希望于做一件有利于员工的事，员工就会感恩戴德。员工作为劳资关系中的弱势一方，很多时候是没有主动权的，这就需要企业管理者在情感联系中更为主动，并且能传递出真情，让员工感受到管理者的情感是有热度的，才能以真诚的情感予以回馈。

第三章
员工价值追求依赖薪酬激励

　　薪酬激励是人力资源管理的重要组成部分，它对提高企业的竞争力有着不容忽视的作用。员工所得到的薪酬既是对其过去工作努力的肯定，也是对他们未来努力工作得到报酬的预期。员工通过积极表现、努力工作，一方面提高自己的工作绩效；另一方面争取薪酬的晋升，在这个过程中，员工会体验到由于晋升所带来的自我价值实现感和被尊重的喜悦，从而激发起员工的工作创造性。

　　在咨询公司调研的数百家企业中，有80%的企业员工认为自己的薪资低于同行业水平，薪酬满意度不高。相信不少企业中存在这样的问题，从第三方的薪调报告中看到自己企业与本地区其他行业相比员工整体薪酬在50分位以上，部分研发、销售岗位超过75分位，但是员工薪酬方面还是有很多的抱怨。企业管理者认为，有的员工并不能清晰地认识到自己的贡献价值，盲目追攀比行业最高位企业的薪酬。人力资源课程中有一副画像比较形象地反映出了这个问题：一面大镜子前明明站着一只小猫，而镜子里面却照出一头雄狮。在心理学上有个概念："虚假独特性效应，"指的是人在评价自己的能力、技能、知识时，通常高估自己而低估其他人。在企业中每个人都会自觉不自觉地夸大自己的能力和贡献，同时高估了自己在企业中的价值。那么，如何衡量员工的岗位价值和工作能力呢？我们通常会采用岗位价值评估和人才盘点的方法。

岗位价值评估方法的运用

"将军的烦恼"的故事

古代有位将军带领三千将士苦战一个月攻克了鹿州城池，捷报传到朝廷，朝廷赏赐了200坛美酒、600头牛和600只羊。面对送到军营的美酒和牛羊，三千军士四大兵种，该如何分配呢？

此次攻城主要是骑兵、步兵冲锋陷阵伤亡较多，但是粮草兵为了保护粮草运输也有损兵，弓箭兵虽然参加了战斗，基本上没有多少损失，但弓箭兵都是神射手，技术难度较高，不是人人都能干的。每个兵种的头领都认为自己和下属贡献大、劳苦功高，肯定要多分一些奖品才算合理。那么，将军怎么分配才能既公平又能有效地鼓舞士兵的士气呢？

将军遇到的其实是一个非常普遍的问题，解决不好会导致将士的消极情绪，古人常说不患寡，患不均，在这里的"均"并非平均分配，而是指按贡献大小公平分配。这个故事的实质就是如何解决分配的内部分平性。每个岗位都认为自己是组织中最重要的、无可替代的、贡献最大的，理所应当享受组织中最高的分配。如何解决组织中各岗位价值贡献大小的问题，是管理公平性的关键点。

岗位价值评估是站在组织的层面，以岗位管理者的角度，对所管理的组织内部的所有岗位的相对价值进行理性分析，并给出分析结果的过程。岗位价值评估可以帮助将军解决岗位贡献大小的问题。把骑兵、步兵、弓箭兵和粮草兵四个兵种职序中的各个职级拿出来做岗位价值评估，设置技术难度、危险度、环境因素等多种评估因素，邀请各兵种的头领和将军、军师等人员参与打分，由高到低分数排序出职位，得分高的就是这个组只中相对重要的岗位。

岗位价值评估的建立，是鉴于很多管理者对岗位价值的模糊，因而不能很好地对组织进行有效管理。岗位价值评估是对岗位进行多个维度的评价，如岗位所需知识、岗位所需工作经验、岗位对经营结果的影响、岗位适用的管理幅度等。用数学的方式进行评价计算，得出能够反映岗位价值大小的数据。

但必须清楚一点，与所有评价体系一样，岗位价值评估也不是绝对的客观精准，其本质是通过在不同维度上对岗位进行衡量与比较，得出具有导向性的数据结果，以确定岗位在组织中相对价值的大小。

一般岗位架构中，层级与层级之间的管理关系只能体现岗位等级，并不能体现岗位价值。经过岗位价值评估后，各级岗位的价值就会清晰呈现（见图 3-1 和图 3-2）。

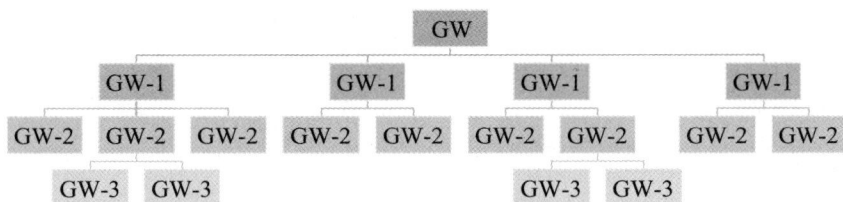

图 3-1　一般岗位架构

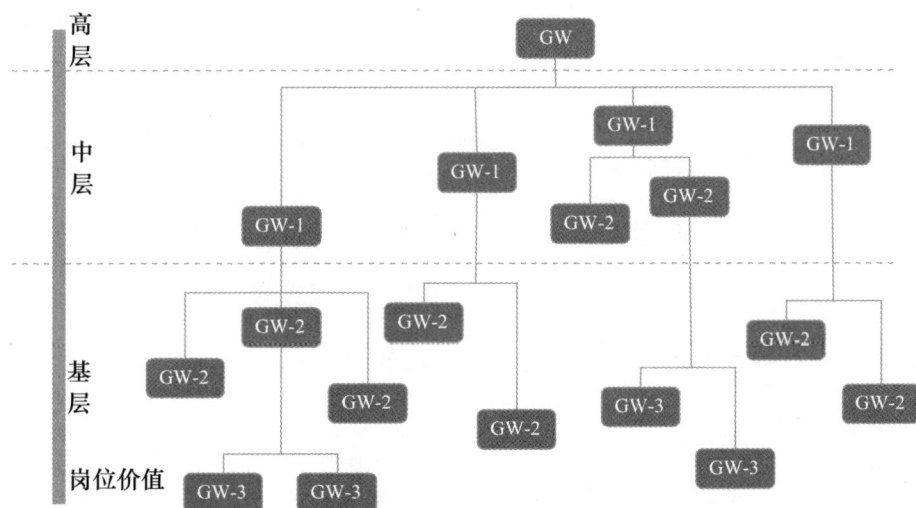

图 3-2　经过岗位价值评估的岗位架构

岗位价值评估的方法有很多，每种方法适用的企业情况也不同，建议企业管理者根据企业所在领域、企业性质、企业发展阶段和规模等综合因素选择评估方式。

1. 排序法。

将各种岗位采用两两比较的方法进行评价。

具体操作方法是，企业或组织将所有岗位都列在同一表格内，然后在表格内将所有岗位列在首行和首列，并逐行进行比较（见表3-1）。评估人根据基于主观的判断进行两两比较，行中岗位价值如果比列中岗位价值高，就在相应交叉格中标注"+"，列中岗位价值如果高于行中岗位价值，就在相应交叉格中标注"—"。最后对每一行对应岗位的所有"+"进行统计，数量越多则说明该岗位价值越高，反之则价值越低。

表3-1　岗位价值评估——排序法

岗位	运营总监	设计经理	运营经理	设计师	客服专员	库管员	"+"数量
运营总监	○	+	+	+	+	+	5
设计经理	—	○	—	+	+	+	3
运营经理	—	+	○	+	+	+	4
设计师	—	—	—	○	+	+	2
客服专员	—	—	—	—	○	+	1
库管员	—	—	—	—	—	○	0

在所有岗位价值评估方法中，排序法最简单，但局限性也较大，通常适用于初创期企业或岗位分类较少的企业。评估人通常是企业经营者，要求必须熟悉企业每一个岗位该承担的责任与要求，并能较为全面、客观地进行评估。随着企业规模的扩大，排序法就不再适用。

2. 因素评估法。

该方法是目前岗位价值评估能用到的最科学的方法，是从多个维度、多个因素对岗位价值进行评估。

因素评估法首先从所有待评价的岗位中确定几个主要因素，每个因素按标准评出一个相应的分数，然后根据待评估岗位的总分数确定相应等级。

因素评估法的优点是最大限度地体现了公平性和准确性。但缺点也很明显，就是实施复杂，周期长，所耗用的时间、费用非常大。

目前，大多数咨询公司采用的岗位价值评估方法，其本质都离不开因素评估法，只是每家咨询公司选用的评估因素、因素权重有所差别，但实质都是从某些维度对岗位需承担的责任、具备的技能、工作的强度等方面进行评估，将企业的所有岗位用相同的标准进行衡量，以确定岗位在企业中的相对价值。

因素评估法的操作流程如下：

（1）做好基础工作。如职位分析，撰写职位说明书，划分职族（对职位分类，如销售职位、行政职位、生产职位等）。

（2）仔细挑选影响岗位价值的共同因素。例如，岗位对企业发展的影响、最终结果影响力、责任重要性、决策自由度、工作难度（解决问题的复杂性、创造性）、任职资格（专业技术要求、能力要求、经验要求等）、沟通能力、工作条件、工作饱满程度等。

（3）对每个因素赋予不同的分数。分数的大小视该因素在全部因素中所占的重要性而定，即每个因素的权重是不同的。

（4）对因素进行分级。比如，分成5级，给每个等级给出具体定义（每一相邻等级必须是清晰可辨的）。

（5）确定每个岗位在每一个因素项上的得分，并把各项得分汇总，得出每个岗位的总分。

（6）按照一定的归级标准（如每20分差级划分一级），得出每一个岗位の具体等级。

3.市场定价法。

有的企业因为性质原因，无法从内部进行岗位价值评估，只能借助外部参照。这种参照就是市场，即采用市场中岗位的一般薪酬区间作为参考值（见表3-2）。外部市场中，岗位的薪酬区间越高，则岗位价值越高，反之则岗位价值越低。

表 3-2　岗位价值评估——市场定价法

岗位	市场价值（千元）	价值级别
运营总监	250~350	1
设计经理	180~230	2
运营经理	200~250	3
设计师	120~180	4
客服专员	60~80	5
库管员	40~60	6

市场定价法首先需要从市场上购买一份市场调研报告，需满足同行业、同区域、匹配本企业规模的三项要求。然后将企业里的各个岗位同市场调研报告进行匹配，按报告的薪酬范围进行排序，此序列就是本企业的岗位价值序列。

薪酬福利激励的意义

　　管理学家们都推崇在正确激励的基础上，结合合理的薪酬考核管理制度，为员工划定能力值范围。想让这种划定系统长期稳定地发挥作用，保证一套合理的薪酬和福利制度是重中之重。下面，就针对薪酬和福利的合理性进行讨论。

　　1.建立激励性的薪酬政策制度。

　　传统观念认为，薪酬只是一种保健因素，不会对员工有激励作用。因为在传统薪酬制度中，薪酬的标准中没有激励因素，最多就是加入因工作量而设定的提成而已，员工形成了简单的多劳多得意识。但这里的"劳"只是付出的劳动量，而并非"劳"后产生的价值。但现代观念已经在薪酬制度中加入了激励因素，让"劳"后产生的价值成为薪酬体系的组成部分。也就是说，在新的薪酬观念中，薪酬体系的设计更加科学，激励作用愈发突显。

　　（1）在保证公平的前提下，提高薪酬水平。古人言"民不患寡，而患不均"。从企业内部来讲，员工关心薪酬的差别程度高于对薪酬水平的关心，这就是"患不均"的心理作用。因此，薪酬体系要想起到激励作用，保证公平就是前提。公平包括内部公平（企业按贡献定薪酬）和外部公平（企业薪酬与行业薪酬水平相当）。

　　（2）在保证公平的前提下偏高设计。保证公平仅是薪酬激励的第一步，而且只是达到了员工的心理底线而已。激励效果还体现在是否比行业同等薪酬水平稍高，若是"有"就会对外形成竞争优势，对内稳定团结人心。当然，这种"稍高"的设定可以有针对性，主要针对关键性人才，让人才感觉到企业对自己的重视。

（3）薪酬要与绩效挂钩。要想使薪酬系统能够公平合理地体现，必须与员工的绩效结合。绩效可以客观地体现出员工的工作能力、工作态度和工作的进步程度。更重要的是，以绩效为实施基础的薪酬制度可以将企业与员工的利益统一起来，员工在为自己的目标奋斗的同时，也为企业创造了价值。

（4）保证固定部分比例，给员工安全感。绩效考核对于薪酬是重要的，但也要注意薪酬中的固定部分，保持固定部分的比例，是对员工忠诚和付出的肯定。只有让员工内心具有安全感后，浮动部分的薪酬激励才会有效。

（5）适当拉开薪酬层次。俗话说"没有对比就没有伤害"，但不是所有"伤害"都是负面的，运用得当就可以变为正面激励。拉开薪酬的层次，可以鼓励后进者，勉励先进者。后进者能够看清自己的差距，并奋起直追；先进者要想保持领先，就必须继续努力。但拉开的层次不能太大，不能对人心造成暴击性伤害。差距的设置以"既不伤害员工自尊，又能让员工意识到追赶有望"为准。

2.设置具有激励性质的福利项目。

福利是员工薪酬的一种有效补充，"恰到好处"和"必须给予"的福利能将激励带上更高的台阶。

（1）采取弹性福利制度。员工是一个个独立的个体，对福利的需求也是多种多样的，如果是相同的福利待遇，只能满足一部分、甚至是一小部分员工的需要，对另一部分不能满足需求的员工而言，这样的福利就如同鸡肋，食之无味，弃之可惜。弹性福利就在这种情况下诞生了，将原本的福利大蛋糕切割成小块，每一块的具体味道由员工自己添加，也就是企业将给予员工选择福利的机会，允许员工将个人需求与所需福利结合起来。比如，年轻的单身员工更喜欢货币方式的福利；有子女的员工希望企业能提供便于育儿的福利政策；老员工会关注养老保险和医疗保险方面的福利；外地员工希望企业能在带薪休假方面给予照顾……

（2）扩展式福利。企业的福利从只针对员工，扩展到了员工家属。某公司年终评审，销售员A综合成绩排名第一，获得年终奖4万元。但公司额外支出4000元，奖励A的妻子，感谢她一年来对A工作的支持，没有她就没有A取得的成绩。虽然这4000元钱并不多，但是表明是对A工作的认可，也是对A妻子做好家庭工作的奖励。这种扩展式福利如今在很多企业都得到推行，原因就在于付出的成本很小，但收到的效果却很大。

（3）保证福利质量。福利设置的再好，都需要具体的实施来保证，没有执行的质量，福利就成了空谈，是不能给员工带来实际收益的。某公司在老办公区时开办了员工食堂，给员工提供免费午餐，菜品丰富、卫生健康。公司搬迁到写字楼后，为了节省费用砍掉了食堂，改由快餐店送盒饭的形式。但是，快餐店为了降低成本提升利润，将饭菜的品质一降再降，员工们吃不下劣质盒饭，纷纷将盒饭丢弃，自行在周边餐馆用餐。还有一家生产制造企业为一线生产工人下班后更换工装设置浴室，但因疏于管理浴室里部分设备损坏不能及时维修，工人们下生产线后要排队很久才能洗澡，很多家近的员工都穿着工装回家洗澡，放弃这项福利。

由此可见，必须加强对福利项目的管理，将福利项目真正良好地运作起来，才能起到激励的作用。

薪酬设计通用的要素

一般来说，薪酬体系是企业的付薪策略、薪酬结构、薪酬水平的同城，最终体现在每个岗位的薪酬数额上。随着薪酬管理的发展，薪酬体系逐渐由点制薪酬体系过度为宽带薪酬体系。

所谓点制薪酬体系是一种单一的薪酬标准，即一个岗位或级别对应一个基本固定的薪酬数值，在相同的岗位或级别上，员工的工资基本相同，即便有所差别，幅度也非常小。点制薪酬是一种表面公平，但忽略了员工实际能力和工作积极性的付薪模式。

宽带薪酬体系是一种根据不同级别、不同岗位、不同能力、不同工作状态，设置的有一定薪酬跨度的付薪模式（见图3-3）。

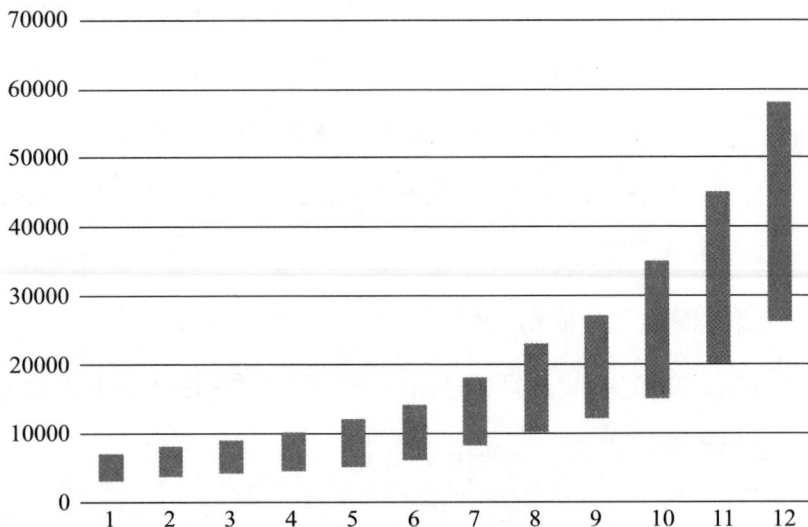

图 3-3　宽带薪酬体系

员工根据其岗位和级别，按照工作业绩，在其对应的薪酬范围跨度内定薪。员工在一般努力的情况下可以达到一个薪酬标准，在非常努力的情况下可以提升薪酬标准。

图3-3中，横坐标代表宽带薪酬体系中的薪级；纵坐标代表薪酬标准；每一个长方形代表了对应薪级的薪酬标准范围（底部为最小值，顶部为最大值）。

薪酬体系看起来是一系列数字，但如何让那些数字更为明确合理？就需要把握薪酬设计中的三要素：中点值、级差和级幅度。

1. 中点值。

宽带薪酬体系中，每一个薪级对应的中点值就代表了企业对岗位的付薪水平。因此，确定了关键岗位所在薪级的中点值，就基本确定了对该薪级的薪酬数据。

企业可以参考专业机构发布的薪酬调研报告，也可以参考竞争对手的付薪水平，还可以参考企业内部以往对应岗位的付薪水平，但一定要注意企业整体人力资源成本的可承受限度。

在一个宽带薪酬体系中，能够明确的薪级的中间值通常会以3种形式出现：

（1）确定每一个薪级的中点值。将每一个薪级的中点值都确定好，也就基本确定了薪酬体系的付薪水平和整体定位（见表3-3）。

表 3-3　确定每一个薪级的中点值

薪级	1	2	3	4	5	6	7	8	9
中点值	50	55	61	68	77	87	101	121	150

（2）确定几个薪级的中点值。在薪酬定位时，由于缺少完善的外部数据，只能确定几个核心岗位的薪酬定位（见表3-4）。

表 3-4　确定几个薪级的中点值

薪级	1	2	3	4	5	6	7	8	9
中点值	—	—	61	68	—	87	—	—	150

（3）只能确定一定薪级的中点值。这种情况是较为少见的，但却很典型（见表3-5）。

表3-5　确定一定薪级的中点值

薪级	1	2	3	4	5	6	7	8	9
中点值	—	—	61	—	—	—	—	—	—

2.级差。

在薪酬体系三要素中，核心是中点值。在中点值三种形式中，各薪级中点值都能确定的，就无须再计算级差，可以直接设计级幅度。定级差主要针对后两种情况，通过几个核心薪级确定所有薪级的中点值。公式为：

较高薪级的中点值＝较低薪级的中点值×（1＋级差）

有以下3种方法：

（1）通过几个分散薪级的中点值确定各级级差。假设某公司经分析评价确定的关键岗位中点值（见表3-6）。

表3-6　某公司关键岗位中点值

薪级	1	2	3	4	5	6	7	8	9	10
中点值	—	—	—	50000	—	—	90000	—	15000	—

如何体现薪级中点值之间的关系？根据级差公式，假设薪级4级与5级之间的级差是S4-5，其他级差依次类推，得出以下等式：

$$90000 = 50000 \times (1 + S4\text{-}5) \times (1 + S5\text{-}6) \times (1 + S6\text{-}7)$$

虽然各薪级的中点值并非等差或等比关系，但之间的差别不是很大，暂时按等差计算，即 $90000 = 50000 \times (1 + S)3$，计算得出S为21.6%。

按一般规律来说，低薪级中点值会小于高薪级中点值，即S4-5＜S5-6＜S6-7，所以取中间的S5-6＝21.6%，可知S4-5、S6-7的具体值应在21.6%左右设置。S1-2、S2-3、S3-4、S7-8、S8-9、S9-10，也可以按照以上公式计算得出相应级差。所以，该公司各薪级的级差根据计算所得与级差的一般规律可以设置如下（见表3–7）。

表 3–7　某公司薪级级差设置

薪级	1	2	3	4	5	6	7	8	9	10
级差	—	S1–2	S2–3	S3–4	S4–5	S5–6	S6–7	S7–8	S8–9	S9–10
	—	18.0%	19.0%	20.0%	21.0%	22.0%	23.0%	24.0%	25.0%	26.0%
中点值	3 万	3.57 万	4.28 万	5.18 万	6.32 万	7.77 万	9.63 万	12.04 万	15.17 万	19.24 万

（2）通过几个连续薪级的中点值确定各薪级级差。假设某公司经分析评价确定的关键岗位中点值（见表3–8）。

表 3–8　某公司关键岗位中点值

薪级	1	2	3	4	5	6	7	8	9	10
中点值	—	—	—	50000	60000	80000	—	—	—	—

根据上面方法了解到，可以根据相应的薪级、中点值计算级差S4–5、S5–6、S6–7，并根据这三个级差呈现出来的规律，确定其他薪级的级差与中点值。

但是，因为相邻或连续的薪级在薪酬体系设计时，可能导致距离较远的未知中点值的薪级差级计算出现偏差，因此在计算时需要是错的，最终要确定合理的薪级级差。

（3）通过一个薪级的中点值确定各薪级的级差。假设某公司经分析评价确定的关键岗位中点值（见表3–9）。

表 3–9　某公司的关键岗位中点值

薪级	1	2	3	4	5	6	7	8	9	10
中点值	—	—	—	—	—	80000	—	—	—	—

之前两种方法，可以通过一定的计算方式确定未知薪级的中点值。但如果只有一个已知薪级与中点值，便无法计算薪级级差。这种情况下，需要依

靠经验假设级差，确定中点值。在凭经验给出数据的过程中，需要全方位衡量，多征求意见，力争将推测出的数据尽可能靠近正确值。

3.级幅度。

确定了薪级的中点值和级差，就确定了每一个薪级付薪的水平，每个薪级的级幅度（带宽）则代表了该薪级的付薪范围。公式为：

某薪级（最大值－最小值）÷最小值

薪级幅度的确定需要注意幅度控制问题。如果级幅度设定过宽，将不宜体现薪级之间的差距，也会在定薪时导致薪酬偏高，企业成本失控；如果级幅度设定过窄，导致薪级内的薪酬浮动无法有效体现，且无法容纳薪级内不同能力值员工的差别化定薪。

为了保障薪级幅度设定的合理有效，需要依据以下两个原则：

（1）覆盖原则。薪酬体系必须适用于企业现状，能够对现有人员运用体系进行定薪。

（2）增长空间原则。好的薪酬体系的设立不仅覆盖现有人员的薪酬数据，还要具有增长性，即薪酬体系的数据能够保障大多数岗位未来2~3年的增长空间。

宽带薪酬体系根据薪级个数的多少，宽带范围的大小，可以分为窄带型薪酬体系和宽带型薪酬体系（见表3-10）。

表3-10　窄带型薪酬体系和宽带型薪酬体系对比

窄带薪酬体系	宽带薪酬体系
薪级个数较多，通常为15级以上	薪级个数较少，通常为8~15个级别
每个薪级对应的薪酬范围较小，级幅度为40%~50%	每个薪级对应的薪酬范围较大，级幅度为90%~100%
适用于成熟的、规模化企业	适用于初创期、业务灵活、组织规模欠成熟的企业
员工更注重个人职位晋升	员工薪酬可随岗位能力提升而提高
灵活性较小，管理较简单	灵活性较大，管理难度较大

岗位薪酬制

"岗位薪酬制"是薪酬体系中最普遍的激励模式，是按员工在工作中的不同岗位来确定薪酬的制度。显然，岗位薪酬制的标准是根据各岗位的技术要求、责任大小、劳动强度和工作环境等因素予以确定。

岗位薪酬制早在上世纪中页就已经开始实行了。发展到现代，岗位薪酬制不断改进，摒弃了原有的"死工资"。员工不再因为掌握某种技能而一直享受某个级别的薪资，而是根据每名员工当前从事的工作和工作的情况来定薪酬水平。

在岗位薪酬制度中，有3种常见形式（见图3-4）。

图3-4　岗位薪酬制度的常见形式

1. "五岗"岗位工资制。

"五岗"的兴起源于纺织行业，是棉、毛、麻、针织、印染、丝绸等纺织企业的各个工种，根据岗位责任、技术难易、劳动强度、工作环境等因素确定的岗位顺序。

该制度的统设：一岗、二岗、三岗、四岗、五岗。各岗位代表各工种的价值差别。员工会依照所在岗位的岗序和岗差得到相应的岗位薪酬。

需经过考核，逐步提升，才能获得更高的岗位工资。具体操作方式是：一岗、二岗、三岗的员工，先要经过培训期和磨合期，考核通过后，正式入岗，第一年从岗位工资的60%做起，以后逐年均衡增加（第二年70%，第三年80%，第四年90%，第五年达到岗位薪酬标准）。位于四岗、五岗的员工，也要先经过培训期和磨合期，考核通过后，正式入岗，第一年从岗位工资的80%做起，第二年为90%，第三年达到岗位工资标准。

如今，"五岗"已经转变为多种形式，可以是"三岗"，也可以是"六岗"，岗位的等级的命名也不再是简单的一岗、二岗、三岗……但无论怎么划分，企业内部一定会存在两种类型的员工，即一线员工和二三线员工。该薪酬激励方式最大的挑战来自协调一线员工同二三线员工的薪酬分配问题，避免两者之间在薪酬分配上产生矛盾。

2."一岗一薪"制。

一个岗位只对应一个薪酬标准，各岗位工资标准与其岗位价值相对应，排列顺序从低到高，组成完整的岗位工资体系。体现了不同岗位之间的薪酬差别，岗位内部的薪酬差别视具体情况而定。

早期的"一岗一薪"制，岗位内部是不存在差异的，同岗位的薪酬也相同。新员工上岗需要经过培训期、试用期和磨合期，考核通过后可以执行相对应的"一岗一薪"的薪酬标准。

随着管理形式的逐渐革新，这种岗内不升级的薪酬制度逐渐暴露弊端，因此一些企业开始改变，在"一岗一薪"的基础上，将原本的固定薪酬变为浮动薪酬。换句话说，从之前的"一岗一薪"变身为"一岗多薪"，但因为薪酬的范围仍然控制在对应的岗位价值内，没有超出岗位价值的范畴，所以仍可看作是"一岗一薪"。

对于传统的"一岗一薪"，仍有一些专业化、自动化程度较高的企业在运用，因为多是流水作业，工种技术比较单一，固定薪酬是完全适用的。

3.岗位等级制。

按照岗位价值和岗位工作差异确定薪酬，是在岗位工资的基础上发展起来的，因而同时兼有岗位工资和等级薪酬的特点，因此通常实行"一岗数薪"制。

各个岗位都要按照技术高低、责任大小、劳动强度和工作环境等因素进行划分，岗位内部也要通过技术能力、业务复杂程度等划分等级，然后确定各岗位的各级工资标准。

员工在所在岗位可以考核升级，逐步提高岗位技能和岗位工资。这种薪酬制对那些技术水平高、实践经验丰富、工作热情高涨的员工非常有利，将得到更高的薪酬。

绩效薪酬制

1951年春天，松下幸之助赴美国考察，目的是学习美国企业的经营理念。他将一些美国大企业的工资标准与日本企业的工资标准做了比较，得出了令他惊讶的结论。当时通用电气生产的标准收音机在商场售价为24美元，通用员工只需要工作两天就可以买一台。松下电器的收音机在日本国内的售价为9 000日元，工人的月平均工资为6 000日元，需要工作一个半月才能买一台。

于是，松下幸之助明白了为什么美国企业的效率那么高，因为员工的薪酬高，而高薪酬不是白拿的，美国企业普遍实行绩效薪酬，员工想要获得高工资，就要更多的付出。回国后，松下幸之助立即在企业内推行绩效薪酬，员工第一次知道只要努力工作就能拿到很高的工资，都情绪饱满，松下的效率成倍提升。

所谓绩效薪酬制，是当下企业常用到的一种薪酬结算方式。将工作绩效与所得薪酬结合起来，通过基本工资、奖金、提成、利润分成、纯利分红的方式发放给员工。其中，提成和分红是使用最广泛的方式。

绩效薪酬的方式主要通过员工个人绩效体现。

个人绩效薪酬是根据个体绩效水平给予的劳动回报。主要是奖励个人的工作绩效，给予差别化薪酬，代表形式有计划奖励、业绩提薪和奖金计划等。实施个人绩效薪酬模式可以有效地提升员工的工作积极性，激发员工的创造力和主动性。

2015年，一则"华为大规模裁员"的消息震惊华为内外。几乎所有人都知道，华为当年的业绩非常好，不可能裁员。而华为仍然决定裁员，但这种裁员是基于业绩考核，华为要裁汰掉后进员工。

其实，华为虽然有庞大的员工队伍，但每年招聘的人数并不多，而且绝大多数都是非常优秀的。为了让"蚂蚁新兵"成为"精兵"，华为采取了个人薪酬绩效模式，对员工严格考核。华为的个人薪酬绩效考核大致分为A、B、C、D 4个级别，每个级别中再分1~3个小级别。排名靠后的员工将被淘汰，因此华为每年都有固定的"末位淘汰"比例。

企业管理者必须明白，绩效薪酬的基本原则是通过激励个人来提高绩效，从而促进企业的整体绩效。因此，绩效薪酬制设计的关键目标是提高员工绩效。薪酬与绩效是挂钩的，因此要引导员工关注结果，促使企业上下更多地考虑如何提高绩效。

最后来说说绩效薪酬的负面作用，如果操作失当，负面作用将毫不留情地吞噬一切激励效果（见图3-5）。

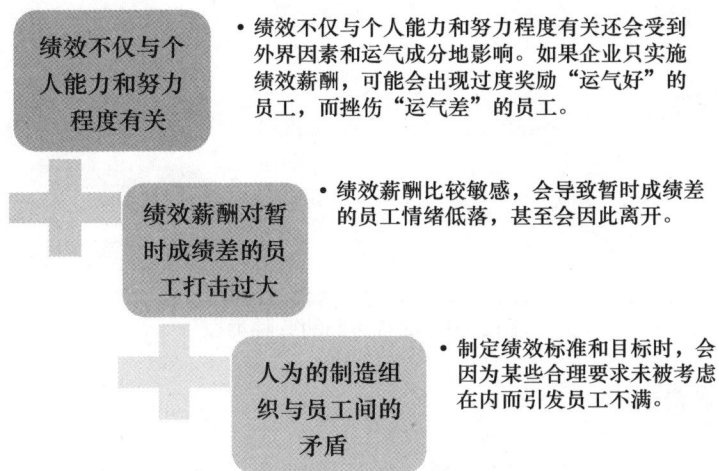

绩效不仅与个人能力和努力程度有关
- 绩效不仅与个人能力和努力程度有关还会受到外界因素和运气成分地影响。如果企业只实施绩效薪酬，可能会出现过度奖励"运气好"的员工，而挫伤"运气差"的员工。

绩效薪酬对暂时成绩差的员工打击过大
- 绩效薪酬比较敏感，会导致暂时成绩差的员工情绪低落，甚至会因此离开。

人为的制造组织与员工间的矛盾
- 制定绩效标准和目标时，会因为某些合理要求未被考虑在内而引发员工不满。

图3-5 必须注意绩效薪酬的负面作用

混合薪酬制

该种薪酬制度也被称为"结构薪酬制"，是由多种功能不同的薪酬共同组成的混合型的薪酬制度。每部分薪酬都对应一个支付因素。混合薪酬通常由5部分组成（见图3-6），分别为：基础薪酬、效益薪酬、技能薪酬、补助薪酬和津贴。

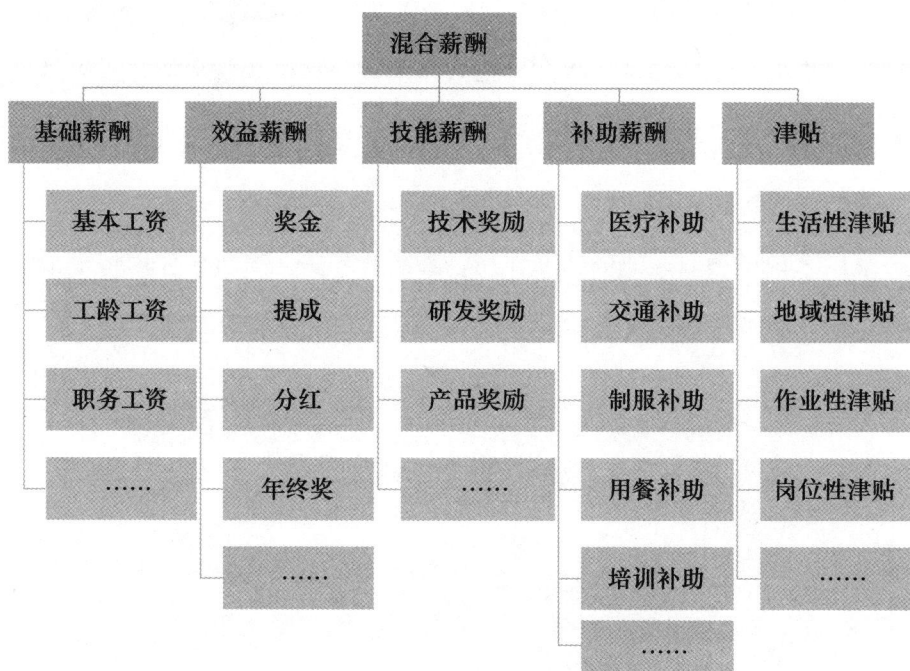

```
                        混合薪酬
        ┌──────┬────────┬────────┬────────┬──────┐
     基础薪酬  效益薪酬  技能薪酬  补助薪酬   津贴
        │       │        │        │        │
      基本工资  奖金    技术奖励   医疗补助  生活性津贴
        │       │        │        │        │
      工龄工资  提成    研发奖励   交通补助  地域性津贴
        │       │        │        │        │
      职务工资  分红    产品奖励   制服补助  作业性津贴
        │       │        │        │        │
      ……     年终奖    ……     用餐补助  岗位性津贴
                │                 │        │
              ……               培训补助   ……
                                  │
                                ……
```

图 3-6　混合薪酬的 5 种类型

1.基础薪酬。

基础薪酬是基本的支付因素，属于不涉及任何福利待遇的底薪。当然，不是所有基础薪酬中的项目都要包含，有的企业不设职务工资，有的企业没有工龄工资，在满足国家劳动法和不伤害员工感情的前提下，可以自行设置。

（1）基本工资。这是最基本的支付因素，是必须要满足的一项。

（2）工龄工资。工龄工资也称"资历工资""年功工资"，是根据员工在企业工作的年限来计量的，一般有两种形式，分别是逐渐增加和分段递增。逐渐增加是企业设置固定的工龄工资标准，如每个工龄计200元，员工每多干一年就在月收入中多加入200元。分段递增是企业按照年限划分时间段，设置固定的工龄工资，如进入企业五年以内，每年计200元；进入企业五年以上，十年以内，每年计400元；进入企业十年以上，十五年以内，每年计600元。

（3）职务工资也称"岗位工资"，是根据员工的职务来确定的部分工资。

（4）技能工资是根据员工的职务级别和岗位性质来确定的部分工资。职务越高，岗位越重要，这部分工资就越高。

2.效益薪酬。

效益薪酬是根据员工的工作效益来计算的薪酬部分，毫无疑问，员工创造的效益越多，这部分薪酬就越高。

（1）专项奖是员工做出了非常重要的贡献，或者超出企业正常经营范围的贡献而给予的奖励。比如，某加油站员工奋勇扑灭明火，虽然保卫加油站安全是员工的职责，但依然贡献很大，企业发放奖金予以奖励。又如，某商场的员工拾金不昧，得到失主的感谢，为了发扬这种精神，企业给予一定的奖励。

（2）提成是目前最为普遍的存在于基本工资之外的支付因素。员工超额完成企业规定的工作量而获得的薪酬。

（3）分红是在员工对企业做出巨大经济贡献的基础上，企业给予员工的红利奖励，可以是一次性的，也可以是长期性的（薪资形式或者股票形式）。

（4）年终奖是对员工辛勤工作一年的奖励，不予业绩挂钩，通常为1~3

个月的月薪。

（5）月度奖及年终奖是以绩效考核结果为依据发放的，完成工作或超额完成工作任务给予的奖金，前提是企业经营状况良好。

3.技能薪酬。

技能薪酬是以员工的技术能力和因此做出的贡献来确定的支付因素。这部分薪酬有助于激发员工在技术领域不断进步和通过技术形式做出贡献。

（1）技术奖励是对高技能员工能力的肯定，发放标准通常依据员工的技术能力级别。

（2）研发奖励是员工通过运用技术研发出对企业有利的新技术或新产品的奖励。

（3）产品奖励是针对员工对产品的技术改进给予的奖励。

4.补助薪酬。

补助薪酬是各项补助企业对于员工实施的一种福利性薪酬，可以多设置，也可以不设置。通常情况下，企业会选择其中的一两项对员工予以补助，以便提高员工对企业的认同感。对于其中各项目不做具体陈述。

5.津贴。

津贴也称"附加薪酬"或"补贴"，是企业对在特殊环境条件下工作的员工进行的额外的补偿，具有很强的针对性，特殊环境消失，津贴也随之取消。

（1）生活性津贴是对员工在生活费用方面的补贴，目的是加强员工对身体的保健，如住房补贴、交通补贴、通信补贴等。

（2）地域性津贴是对员工所处的特殊工作环境的补贴，如高海拔补贴、林区补贴、海上作业补贴等。

（3）作业性津贴是对员工进行特殊作业方式或作业环境的补贴，如夜班补贴、高湿补贴、高温补贴等。

（4）岗位性津贴是各类补贴中较为特殊的，不与前面的补贴同类，是近些年兴起的，对员工工作岗位特殊性的补贴，如危险补贴、强劳动量补贴等。

通过以上阐述，混合薪酬制的优势也体现了出来，就是能够考量与工作有关的各种因素，全面衡量影响性，最大限度地科学合理地灵活分配薪酬。但有利的另一面也总隐藏着弊端，因为这种薪酬制度非常灵活，这也导致了操作起来非常复杂。而且还会因为诸多因素相交融而引发矛盾。作为企业管理者，在采用混合薪酬制时，必须考虑好各方因素，做一些简化，减少矛盾产生的概率。只有灵活运用加高效实施，才能让混合薪酬成为激励员工的一种强有力武器。

薪酬设计中常见的问题

薪酬制度的设计、实施因与企业员工的切实利益相关联，因此是企业人力资源管理工作中非常重要的环节，薪酬设计、调整或变革在操作过程中一定要关注各类细节，把工作做精细、做深入，才能取得企业各级管理者和员工的理解和认可。薪酬设计在企业人力资源管理中扮演着重要角色，是吸引、留住、激励员工的关键一环，由于关乎每个人的切身利益，薪酬体系一直都是企业人力资源管理中最敏感的话题，对很多细节要有预见性，很多环节不能够缺失。

1."终身制"没有激励作用。

这是传统薪酬制度中的最大问题，员工很少面临被辞退的风险，企业管理者只需每个月付给固定报酬，员工就会无限期地在企业工作下去。但工作的效率如何呢？我可以负责任地说，这种情况下的工作效率是最低的。因为没有压力，也就无法产生动力，而且长期在企业工作，员工认为自己是老资格，可以心安理得地拿到这份固定工资。如果企业管理者希望员工能提高工作效率，反而会引发员工的不满情绪。

东北地区的某塑钢门窗加工厂老板手下有30多名员工，其中8人跟他干了7年，其余人员为当年雇用。冬季到来，东北的建筑行业全部停工。这位老板照例留下8名老员工，辞退其他人。8个人每月领工资，却不用做什么事。原以为8名老员工会感恩，但他们自恃资格老，不仅工作懈怠，还对新员工颐指气使，导致员工之间矛盾重重，效率始终上不去。后来老板终于意识到了问题的所在，在今年冬季到来时将8名老员工全部辞退了。这8名老员工都怒了，说老板狠心、小气、不讲情面，于是向当地社保部门提出仲裁，最后拿了赔偿金，怀着一腔愤怒离开。

虽然这位老板没有想要实施"终身制"，但他的做法就是典型的"终身制"，给老员工创造了一个可以任意"懒惰"的工作环境。

2.薪酬设计不设"档"。

下面是某公司宽带薪酬体系（见表3-11）。

表 3-11　某公司宽带薪酬体系（未分档）

薪级	1	2	3	4	5	6	……
中点值（元）	47696	56843	67643	80833	97000	116885	……
级差	—	18.5%	19.0%	19.5%	20.0%	20.5%	……
级幅度	60.0%	60.5%	61.0%	61.5%	62.0%	62.5%	……
最小值（元）	36900	43600	51800	61800	74000	89000	……
最大值（元）	59000	70000	83400	99800	119900	144800	……

该表所呈现的薪酬体系数据，只计算了每一薪级付薪水平的"最大值"和"最小值"。这会造成为员工定薪偏向最大值的情况，因为既没有超出范围，又能够让员工获得物质激励，似乎就可以达到"员工好、管理者好、企业好，矛盾少"的经营最高境界。

但现实并不这么美好，很快将员工薪酬涨到所在范围的最大值，接下来要怎么激励呢？以后长期不能涨薪，这种短期的强激励又能维持多久呢？很多企业在实施薪酬制度时都犯了这样的错误，激励员工本是一项长期工程，却被当成了短期行为。结果就是，企业人力成本短期内激增，但激励效果并不好。因此，在薪酬体系设计时，要在"最大值"和"最小值"之间分档，将薪酬带宽按照一定的等差、等比划分档次。在实际应用时，员工的薪酬就被定在某个范围内的某个档次上，每次调薪都根据所在档进行相应增减（见表3-12）。

表3-12 某公司宽带薪酬体系（分档）

薪级	1	2	3	4	5	6	……
中点值（元）	47696	56843	67643	80833	97000	116885	……
级差	—	18.5%	19.0%	19.5%	20.0%	20.5%	……
级幅度	60.0%	60.5%	61.0%	61.5%	62.0%	62.5%	……
最小值（元）	36900	43600	51800	61800	74000	89100	……
1档	36900	43600	51800	61800	74000	89100	……
2档	39900	47200	56100	66900	80200	96600	……
3档	43200	51100	60700	72500	86900	104700	……
4档	46700	55300	65700	78500	94200	113500	……
5档	50500	59800	71100	85000	102100	123100	……
6档	54600	64700	77000	92100	110600	133500	……
7档	59000	70000	83400	99800	119900	144800	……
最大值（元）	59000	70000	83400	99800	119900	144800	……

3.设计体系无法涵盖所有人员。

这个问题不是薪酬设计者的问题，而是薪酬设计本身很容易出现的问题，属于难以避免、必须克服的问题。

企业在梳理设计的薪酬体系时，需要将现有人员运用体系进行定岗定薪。实际定薪时，可能会出现新设计的体系无法覆盖所有员工的薪酬，有员工超出薪酬带宽的情况。

必须明确一个前提，新的薪酬体系设计完成后，个别员工无法在新体系中定薪是正常的，只需要对薪酬体系进行微调即可。如果出现超过20%的员工无法在新的薪酬体系中定薪，就需要验证新体系的合理性。可以分为两种情况（见图3-7）：

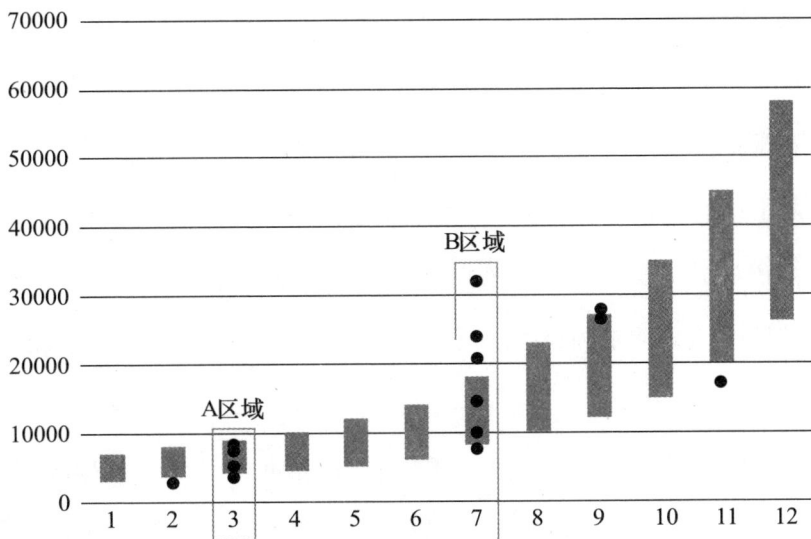

图 3-7　员工薪酬超出薪酬带宽

此图中小黑点都是超出薪酬体系范围的员工薪酬，从黑点的数量可见，超出范围的员工数量占比较大。

（1）超出新体系的员工薪酬分部在体系上、下限附近。如图3-6中"A区域"所示，超出薪酬体系范围的员工薪酬在体系上、下限附近。引发的原因可能是体系带宽稍窄，可适当将体系带宽放宽，以适应员工在新体系中的定薪。

（2）超出新体系的员工薪酬距离体系上、下限较远。如图3-6中"B区域"所示，超出薪酬体系范围的员工薪酬距离体系上、下限较远。即使放宽薪酬带宽也鞭长莫及，因此不建议将带宽过度放宽。可以从相反方向考虑，超出体系范围的员工很可能是薪酬异常的员工。导致的原因可能是薪酬体系无档，员工薪酬增长过度。

4. 薪酬制度形同虚设。

一家常年扎根在三四线城市的，年销售额在30亿的中小型规模房地产公司请咨询公司做薪酬绩效项目，在薪酬方案讨论时引入了第三方的薪调报告中的行业薪配中位分值做了薪酬宽幅，当时地产老板表示满意。人力资源部在做调薪套改时，依据人才盘点的结果对应薪酬宽幅提出薪酬调整建议表，但老板感觉中位薪资的标准还是太高了，将刚颁布的薪酬制度丢到一边，依据自己对下属的感觉来增减薪酬数额。薪酬制度朝令夕改，职序、薪档、员工晋升渠道都成了摆设，部分核心岗位员工苦等了三年的调薪尘埃落定，与期望值差距太大，职业发展也看不到希望，感觉受到欺骗纷纷递交了职辞报告。

老板还反复强调要求将跟他"打天下"的亲戚员工约十来人需要给予特殊关照。先将工资表做低月薪，每月再从老板个人账户里打款补助，年底再给亲戚们放"大红包"。表面上看老板亲戚都不计较收入，外招人员自然也不好意思提出高薪。并且这十来位特殊人员都免于考核，平时也不遵守考勤制度，与人沟通时摆出老板架子，斥责警告新高管。这样的家族企业不仅不可能执行薪酬制度，其他制度的执行力度都打对折。企业管理效率低下，人才流失严重，人力资源部每天忙着办入职和离职手续。

薪酬制度毕竟关乎员工的个人利益，收入多少是员工首要的关注点。如果让员工感觉企业的薪酬制度被破坏了，员工就没有了努力的方向和动力，无法确定自己的努力是否能换回等价的回报。现实中，那些薪酬制度有缺陷的公司，缺乏竞争性、公平性、可持续性、保障性等因素，其员工往往都没有工作的热情，企业也难以长远发展。

5.薪酬总额无上限。

是不是薪酬越强激励性越强呢？这与企业所处的不同发展时期的薪酬策略有关，并非所有的企业都处在快速占领区域市场时期，在抢夺市场份额的同时会展开抢夺人才大战，通常会采取竞争性薪酬策略，按照市场90分位值的定薪酬中位值，在抢人大战中才有明显的竞争优势。通常企业的薪酬体系设计时，既要考虑外部竞争性保证人员不因低薪而离职，又要考虑内部公平性及企业的付薪能力。

业务提成避免按比例提成，上有封顶避免成本过大，要结合公司年度计划做人工成本预算，调研同行业企业的薪酬总量与人均效能相关数据，了解本地区人才市场岗位薪酬变动情况，购买第三方薪酬报告作为薪调决策的参考依据。

不论企业新的薪酬体系是在年初还是在年中执行，到年底都需要跟踪执行情况，并根据外部市场薪酬调查给企业提出是否上浮的建议。通常企业在年中执行新体系时，如当时调整幅度较大，且本年度无市场薪酬大幅波动的因素，建议当年度不上调。市场薪酬增幅较大时，先要根据薪酬制度中的薪酬调整条款判断企业是否符合薪酬调整的条件。如果符合条件，则根据企业效益情况、对市场未来预期，给出薪酬上浮的比例建议。

第四章
员工职业发展需要正向激励

正向激励是对员工的工作进行正向强化，使被激励者以一种愉快的心情继续其正确的行为，并进一步调动其积极性。正同激励要在系统分析企业及行业职业特点的基础上，实施分层分类分岗位激励机制，采取多元化的激励方式。注重加强人文关怀式的激励方法的运用，增强员工的组织归属感、集体荣誉感和心理获得感。关于正向激励的方法，最有效的有以下7种：赞扬激励、倾听激励、共情激励、晋升激励、荣誉激励、授权激励、文化激励等，以达到最大限度地统一员工思想、稳定员工队伍、管理方式得到员工认可、调动员工工作积极性、提高企业管理水平的目的。

舍予赞扬，激发员工本能

几乎人人都知道赞扬是一种优秀的品质，是每个人都需要拥有的能力。但却并不是所有管理者都能明白，赞扬也是一种激励方式，而且是非常有效的激励方式。管理者对员工进行真诚的赞扬，能得到比物质奖励更有效的激励，据相关管理心理学研究，赞扬会让员工的责任心、归属感、荣誉感得到极大的满足。

《胡萝卜原则》的两位作者阿德里安·高斯蒂克和切斯特·埃尔顿，曾在北美对20多万名各行业从业人员进行过一项调查，结果发现67.7%的员工表示在他们工作中从未得到上级的认可，83.5%的员工离职的原因是没有得到上级和同事的理解。调查同时也证实，那些对员工工作成绩有更多认可的组织，比其他组织的盈利更高。

由此可见，很多企业管理者并未认识到承认员工的成绩、表扬员工的工作，认可员工的贡献是有多么重要。甚至有一些管理者认为，无须赞扬员工，足额付薪就是对员工的赞美。然而，人不是机器，靠加柴油动力就能运转的，人除了想要获得物质上的认可外，还需要获得精神上的认可。管理者的一句发自真心的表扬可以融化工作上的误解，并且能够节约管理时间和管理成本。"女为悦己者容，士为知己者死"带有依赖性的赞美，会让员工产生强烈的责任感。

美国IBM公司的所有管理人员都被要求学习"如何赞扬他人"的课程。格力电器董事长董明珠认为及时赞扬和肯定员工的价值是非常必要的。原通用电器董事长杰克·韦奇曾说："我的经营理论是要让每个人都能感觉到自己的贡献，这种贡献看得见，摸得着，还能数得清。"

虽然来自管理者的赞扬是员工渴望的，是对企业有利的，但在具体运用时也需要分清场合、分清人群、分清层次、分清主次。

1.赞扬要"个性化"。

如果赞扬员工时永远都只有"你真棒""你最好"，员工会对这样敷衍的赞扬形成"免疫"。所谓"个性化"是针对员工的个人性格和喜好、工作状态、取得的成绩，进行符合其状况的独特赞扬。

美国数学家、抽样调查方法的创始人乔治·盖洛普对30个行业中的万余个工作小组进行分析，得出的结论进一步证明了"赞扬员工时，个性化是关键"的观点。

有的员工喜欢在大庭广众之下被赞扬，有的员工喜欢一对一被赞扬，有的员工喜欢体育，有的员工喜欢文学，上级在赞扬时就应分别侧重；有的员工取得了比上年度更好的业绩，有的员工后进变先进，上级的赞扬也应不同；有的员工希望上级在赞扬自己时，能够有一些物质奖励，有的员工在接受上级赞扬时，希望上级能帮助自己做一些职业规划。

总之，不同的员工所希望的赞扬方式不同，必须实施对员工的个性化赞扬，才能使赞扬的威力最大化。

2.赞扬要真诚。

赞扬员工一定要真诚，要符合实际，不能虚伪敷衍。如果是"例行公事"的赞扬，即便言语再漂亮也无法打动员工。发自内心地赞扬可以分4步推进（见图4-1）。

1	• 让员工相信是真的想赞扬他。可以说："你的报告很精彩，接下来想让你继续做报告。"肯定式赞扬会让员工明白确实是因为自己工作出色才得到的赞扬。
2	• 说明赞扬员工的具体理由。可以说："之所以认为你的报告内容精彩，是因为……"在阐述具体理由时，要尽量用一些具体的词汇，让员工明白自己的工作在上级眼中是怎样的。
3	• 鼓励员工认可自己。一些时候员工对于上级的表扬总是半信半疑，或者将成绩归结为"运气好"。为了将赞扬效果最大化，上级应该帮助员工认可自己的能力，如告诉员工："你今天的成绩源自平时的积累。"
4	• 引导员工着眼未来。赞扬会激励员工，也会增加压力。员工不清楚此后是有更多的工作袭来，还是更好的职业发展。因此，作为管理者应该及时指出员工当下的成绩对未来的帮助。

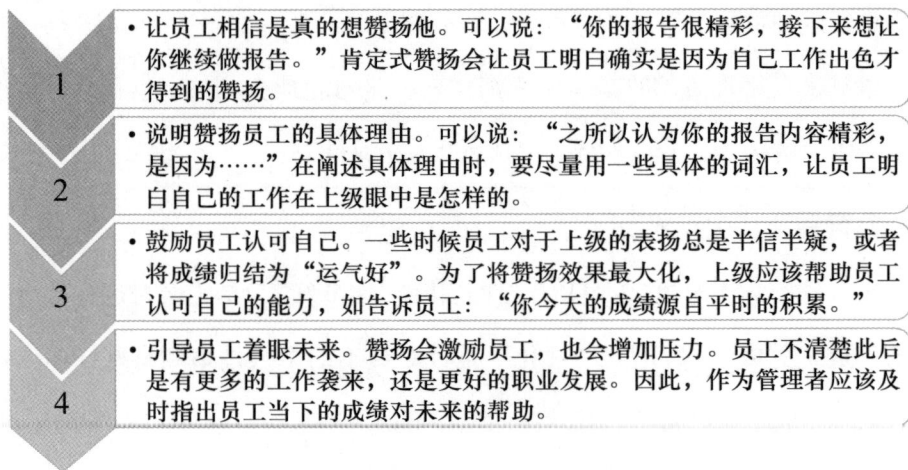

图 4-1　真诚赞扬的实施步骤

3.赞扬要具体。

著名的波什定律指出：一旦知道了什么地方做得很好，人们就会去努力把这一地方做得更好。由此可知，对员工的赞扬越具体，员工受到的激励程度就会越深。

仍以赞扬员工所做的计划书为例，不要仅说："你真棒，做得不错。"而是要将赞美具体化，如"你的报告做得很好，特别是第二部分的数据分析做得非常好。"员工听到了具体的赞扬，才能明白自己哪里做得出色，能提升员工的工作积极性。

4.赞扬要适度。

赞扬的恰到好处非常重要。在管理者发现某位员工有值得赞扬的优点，要及时地赞扬，但也要适度。赞扬如果过度，会起到相反的效果，对方会感觉遭受了嘲讽一般。

比如，这样赞扬那位将计划书做好的员工："你的计划书做得非常好，是我目前为止看到的最好的，就是世界500强的员工也没有这种水平。"这种将赞扬变成了恭维和吹捧的形式，不仅不会取得想要的效果，还会让被赞美者产生心理负担，从而过多地思考赞美背后的潜台词。

乐于倾听，拉近员工距离

人类生存离不开沟通交流，而且听和说同样重要。说是阐述，是内心观点向外界的释放；听是收集，是综合他人思想的汇总。说的质量影响表达和传递信息的效果，听的质量影响过滤和筛选信息的效果。在沟通过程中，说的能否说好，听的能否听好，都决定着沟通的效果。

在企业内部的交流过程中，管理者能够耐心做沟通中的"听众"是难能可贵的。在通常的观念里，管理者总是说的一方，被管理者是听的一方，管理者希望向下属传递自己的想法，下属要做的是认真听，然后认真做。但沟通是说与听的结合，是相互意见的交换。管理者职位高，但不代表可以忽视员工的想法。如果管理者不能倾听员工的意见，对事情的分析就难以做到精准。因为员工是生产工作的第一线人员，也是出现问题面临的第一个人，这种第一手资料的价值是必须要重视的。只有管理者能够放下身份界限，认真从员工那里接收信息，才有机会结合自己的知识、经验、资源和所处的位置，对事情进行更为客观的分析判断。

有些管理者常常把员工的意见和建议不放在心上，甚至认为是员工与自己过不去，特别是听到一些带有批评性的意见，报有不满情绪，甚至执意去追查和打击压制。这种做法实际上是管理者不自信的表现，也是驾驭能力不足的突出表现。优秀管理者必须能够放下架子，融入员工之中，善于从员工中获取有益的信息，才能不断丰富自己的管理知识和经验，弥补管理漏洞，提高管理技巧，提升管理效能。

如果一个管理者忽视倾听基层员工的意见，就会使自己的视野越来越窄，看到的假象越来越多，判断问题、分析问题的准确性越来越差，管理中隐藏的隐患就会不断积累，出现重大问题的概率就会成倍增长。管理者本人也会变成孤家寡人，决策管理也会脱离现实。所以，要学会当一个真诚、耐心的倾听者，这不仅是一种礼仪和修养，更是一种管理的大智慧。

想要成为一名会倾听的管理者，就要做一个自始至终满怀诚意的人。因为跟你谈话的人，对自己的需求和他的问题比他对你和你的需求及问题更感兴趣。就像戴尔·卡耐基所说："要令人觉得有趣，就要对别人感兴趣，问别人喜欢回答的问题，鼓励他谈自己和他的成就。"

讨论了倾听的重要性，还要讨论如何倾听才能得到他人的共鸣。听要专心，才能称之为倾听。然而，现实中有很多主观因素或客观因素，导致我们不能认真倾听。客观因素如电话铃声、重要客人造访、上级发来的传真等；主观因素如心情不好导致精神涣散、压力巨大导致顾此失彼、对人偏见导致谈话失衡、事情紧急导致态度很差等。

在沟通中，即便是管理者也不应该因为主客观因素而对下属不尊重。因此，想要做到专心倾听，就要克服主客观因素的干扰，提高与人沟通的质量。以下是总结出的一些有效倾听的方法（见图4-2）。

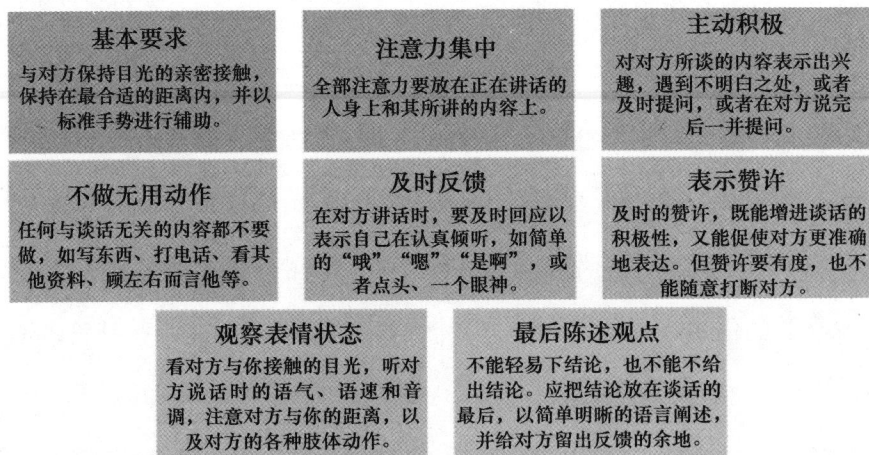

基本要求	注意力集中	主动积极
与对方保持目光的亲密接触，保持在最合适的距离内，并以标准手势进行辅助。	全部注意力要放在正在讲话的人身上和其所讲的内容上。	对对方所谈的内容表示出兴趣，遇到不明白之处，或者及时提问，或者在对方说完后一并提问。
不做无用动作	及时反馈	表示赞许
任何与谈话无关的内容都不要做，如写东西、打电话、看其他资料、顾左右而言他等。	在对方讲话时，要及时回应以表示自己在认真倾听，如简单的"哦""嗯""是啊"，或者点头、一个眼神。	及时的赞许，既能增进谈话的积极性，又能促使对方更准确地表达。但赞许要有度，也不能随意打断对方。
观察表情状态	最后陈述观点	
看对方与你接触的目光，听对方说话时的语气、语速和音调，注意对方与你的距离，以及对方的各种肢体动作。	不能轻易下结论，也不能不给出结论。应把结论放在谈话的最后，以简单明晰的语言阐述，并给对方留出反馈的余地。	

图4-2 倾听的方法

好的倾听者不是全部同意对方的想法，但一定会认真接纳对方的话语。认真倾听是一种良好的态度，会使你更清楚地了解对方讲话的内容，回答也更能切中要害。一个管理者最值得注意的是领导职位差带来的不平等。倾听时不急于插话，不突然打断，而是有个良好的换位气氛，甘当小学生，多问多思，善于向员工找答案，对问题不回避，不做过多的解释，这是一个优秀管理者的基本功，也是管理者必须强化的基本技能。

善于培养，感召员工共情

在与咨询同行交流时提到一件事，他说："一家中型房屋中介公司的负责人来咨询我，该负责人说自己给员工提供的薪酬高出同行企业薪酬的约1.5倍，但员工与其他公司的员工比起来，在责任心与积极性上没有多少改进。为此他很伤脑筋，也想了很多办法，如增加专项奖励，组织员工进行拓展训练、团队凝聚力和执行力方面的培训，但都收效甚微。"

这是企业遇到的相当普遍的问题。企业管理者过于迷信物质奖励，却忽视了金钱激励的效果只是暂时的，员工的幸福感和工作激情会在激情过后而丧失。对于究竟该如何激励，海底捞品牌餐饮连锁店的做法就要高明很多。

该品牌连锁餐饮店的价格比同行高一些，按理说会对销售额产生不好的影响。但因为员工有责任心，服务态度真诚，服务水平专业，营销额一直是火锅餐饮界里的翘首。客人进入店的一瞬间，就能感受到与众不同。每名店员不是那种职业化的微笑，而是发自内心的真诚地微笑，让客人感到轻松愉悦。其实，海底捞公司的薪资只比同行业平均水平略高一些，但员工能有如此主动和高涨的工作热情，显然运用的激励方式不是物质，一定有精神激励的加持。那么，该连锁店是怎样实施精神激励的呢？其核心就是"共情"，并让共情成为激励的能量源。就像该连锁店的员工所说："身处这样的集体中，很容易被团队的快乐氛围感染。"

海底捞的激励方式详细说明了共情激励的具体执行方式。

（1）尊重员工出身。创造一个公平公正的企业环境，海底捞从招聘环节开始，就摒弃以出身择人的陋习，是让这些农村出来的孩子，能够通过自己的双手改变命运，员工在企业内部感受到了被尊重，也形成了平等意识，能够体谅他人，具有极强的共情心理。

（2）重视沟通到位。该连锁店非常重视对员工的培训，不仅培训技能，还培训沟通能力。比如，每天半个小时的晨会，店长讲话时间被限制在1分钟以内，大部分时间是员工分享业务技能、沟通技能、服务经验。这个过程本身就是一种沟通训练，要求员工大胆地表达自己的想法，也培养了他们的倾听能力。

（3）实施人文关怀。海底捞在员工福利待遇方面也舍得投入，海底捞给员工租的是居民小区，四人一间，有热水，有计算机，有网络。为员工父母发工资，为孩子建设学校，满足社安全需求；员工和上级平等，满足尊重需求；员工之间和睦相处，满足社交需求。

（4）完善的晋升制度。满足自我实现需求，为了让员工找到更能发挥能力的岗位，每个季度都让员工写出自己想去尝试的目标部门，部门负责人随机抽出自己部门25%的员工与其他部门员工进行岗位轮换。在海底捞有明确的三条发展线：一条是管理线，一条是技术线，还有一条是后勤线。走管理线，会从二级员工、一级员工、主管、小区经理、大区经理这样一层层发展上去；如果是做一名服务员，也会有一级服务员、二级服务员、标兵服务员、模范服务员、功勋服务员，这样一层层走上去，工资和待遇都会发生变化。

共情就是充分尊重人性，从人性的底层往上进行满足。在满足了员工的底层生存安全需求之后，又充分让员工有发展，尊重员工，从而让员工获得强大的自我内驱动力，这是更高层面的员工激励哲学。让企业内部处处涌动着积极，感动无处不在。

敢于晋升，引领员工发展

在管理学有一句经典名言："员工能力与职位相匹配。"当员工职位上升时，往往能激发其更多的潜能来适应新的工作要求。因此，通过晋升实施激励，不仅员工在工作领域能得到更好的发展，企业也能从逐渐强大的员工那里收获更大的利益。

希望通过晋升激励提升员工的工作能力，先要保证员工对自己的能力有明确的认识，对自己的职业发展有清晰的规划。

惠普公司非常重视员工的职业定向，在管理中努力帮助员工了解自己的优势和不足，并帮助员工制定适合的职业发展规划。公司除了有专人对员工进行能力调查外，还在网上为员工提供了综合能力的自评工具。这样的做法，既降低了优秀员工的流失率，又使每位员工明确了自己的工作目标，有效地提升了员工的工作积极性。

作为企业管理者，可以通过以下3个方面帮助员工深入了解自己：

（1）帮助员工通过工作发现自己的优势和不足。

（2）为员工提供多项发展选择。

（3）给员工提供几次自由选择发展方向的机会。

当然，不是企业内部所有员工最终都能实现晋升，但企业需要为员工打开晋升的大门，保持竞争的公平性和晋升通道的畅通。

1.多条晋升线路并用。

每名员工具体应该有怎样的晋升路径，往往不是短期就能判断出来的。

或许在A、B岗位上做不出好成绩，但在C岗位上就成了人才。所以，企业要给员工充分展示的机会，不能将员工锁死在某一种岗位上。

海底捞为新员工设计的三条晋升路径，分别是管理路径、技术路径和后勤保障路径（见图4-3）。在海底捞，员工的学历和工龄并不是晋升的必要条件，只要员工在工作中取得了足够的成绩，就可以按照晋升路径实现个人职位的晋升。

毋庸置疑，管理路径最吸引人，但对于没有管理才能的员工来说，走技术路径和后勤保障路径也是很好的选择。虽然这两种路径上的节点不如管理路径看着耀眼，如管理路径的最高点是"大区经理"，而技术路径的最高点是"功勋员工"，后勤保障路径的最高点是"优秀会计、优秀采购"等，但在薪酬方面是非常可观的。海底捞将这种方式称为"士官模式"，就像士官虽然没有军官的军衔，但每级士官的待遇却对应着各级军官。这些举措，最大限度地实现了员工在晋升面前机会的平等。

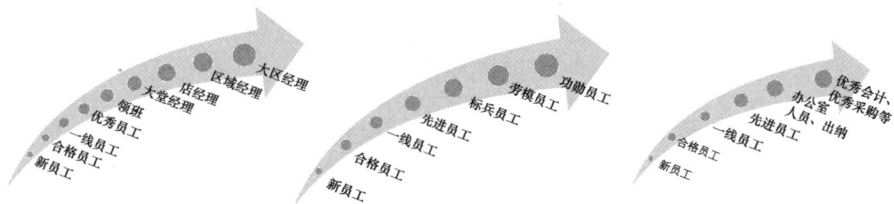

图4-3　海底捞管理、技术、后勤保障晋升路径

2.用顿挫晋升实现破格提拔。

顿挫是一种状态，是指物体在上升途中，在某个节点停下来，稍做缓和甚至下挫一些后，再次上升（见图4-4）。这种晋升方式有助于管理者破格提拔资历浅的、年轻的、难以服众的人才。顿挫上升的开创者是张瑞敏，他认为："论资排辈的晋升模式是严重压制优秀人才的，但过于激进的晋升方式也不利于内部的团结，所以中庸一下，在'顿挫'之间送人才上位。"

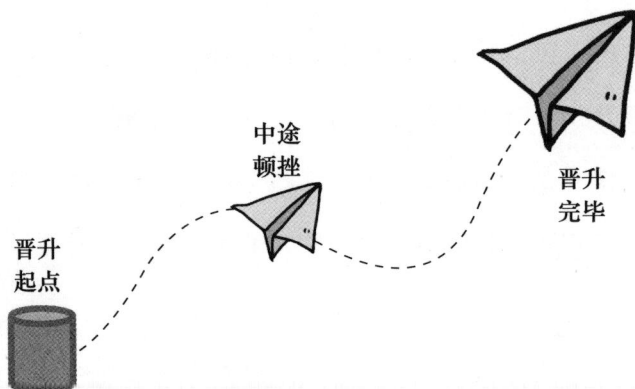

晋升起点　中途顿挫　晋升完毕

图 4-4　顿挫晋升

20世纪80年代中期，海尔面临严重的人才断档，功勋老功臣们已经跟不上时代发展，却占着位置，挤占了新晋人才的上升空间。这个时候张瑞敏发现了柴永森，一位只有二十几岁的年轻人。

通过跟柴永森的数次接触，张瑞敏已经想好了要给这位年轻人什么位置。但直接晋升到高位，怕引发动荡，于是先晋升柴永森为检验处长，又晋升其为分厂厂长，既让他弥补上了质量管理和生产管理的课，又平息了异样言论。柴永森在这段时间内迅速成长，被张瑞敏委任为海尔集团副总经理。此后他在海尔不断创造奇迹，被誉为"你给他一块沙漠，他还你一座花园"的精英人才。

顿挫晋升让人才得到了全方位锻炼，具备了相应能力后再破格提拔。这样晋升上来的人才，比忽然蹿升高位更能服众，能力也更强。

擅于设置，满足员工荣誉

对于荣誉的渴望，是人人都有的心理。在企业工作，员工付出努力，除了希望获得合理的薪酬外，还希望得到更多的收获，荣誉就在渴望获得的收获之中。实施不仅代表当下的成绩，还能为未来员工的工作加分。就像我们应聘，总会将学生时代和工作之后取得的成绩和荣誉全都写在简历上，那是一个人的资本，也代表了一个人的能力。因此，当企业用荣誉激励员工，员工会得到非常大的动力，争取获得能够为自己增加光环的荣誉。

日本电器公司在管理职务中取消"代部长""代理""准"等辅助头衔，代之以"项目专任部长""产品经理"等与业务内容相关的、可以自由加予的头衔。如此，在一定程度上满足了员工对荣誉的渴求，激发了工作积极性。

很多成功的案例表明，通过一定的仪式，给员工一定的荣誉，可以极大地加强员工的荣誉感和自信心。

通过以下5种方式可以实现有仪式感加持的荣誉激励：

1.给员工以必要的头衔和名号。

IBM公司于1983年开始实行"一日厂长制"，在每周三选定一名员工做当天的厂长。每一年都有将近50名员工成为"一日厂长"，虽然只有一天，但对于员工来说已经很知足了，毕竟这是正常情况下不会发生的。"一日厂长"与正式厂长的职能是相同的，有三项主要的工作：第一项工作是听取各车间、部门主管的简要汇报；第二项工作是与正式厂长共同巡视各车间、部门的工作情况；第三项工作是处理来自各车间、部门的主管的公文和报告。"一日厂长"有公文批阅权，而且在星期三呈报的所有公文都要先经过"一日厂长"签名批阅，正式厂长如果要更改"一日厂长"的意见，必须先征询"一日厂长"的意见。"一日厂长"有权对工厂管理提出建议，该建议要详细记录在工作日志中，永久存档，并且在各车间、部门之间传阅。

总之，"一日厂长"让有机会体验的员工在荣誉感上得到了极大满足，并且知道了当厂长是怎样的感觉，对于员工的激励作用非常大，且影响深远。一位后来成为正式厂长的人，就是在当上"一日厂长"后发奋努力，因为他喜欢当厂长的感觉，那么就必须通过努力将感觉变成现实。

除了"一日厂长"，企业可以新创一些头衔、名号，加之于员工，如"未来董事""技术大神""保障专家"等。这些名号虽然看起来古怪了些，但对员工自信心和荣誉感的提升是实实在在的。

2. 适时开展优秀员工评比活动和项目竞赛。

在企业内部，时常进行一些优秀员工评比或者组织项目竞赛，能够有效地缓解员工的工作压力和增加员工的工作积极性。在开展评比活动或项目竞赛时，需注意以下几个问题：

（1）评比的条件和规则设置必须公平、公正。

（2）企业要公布评比的流程和标准。

（3）竞赛的项目的难度不宜设置的过大，要以"友谊第一，竞赛第二"为目的设置。

（4）设置较多种类的奖项，增加员工获奖的概率。

（5）设置个性化的奖励和奖品，如"最佳质量奖""成本降低最佳奖"等。

（6）重视奖品的珍贵性和独特性，淡化奖金的作用。

3.颁发荣誉证书。

证书代表认可，而且白纸黑字，对员工来说，等于将荣誉永远留住。因此，颁发荣誉证书，成为激励员工的一种有效的方法。证书的种类和名称不受限制，与员工的实际贡献相符即可，让员工感受到自己的努力被正视，自己的成绩被认可。颁发荣誉证书需要注意以下几个方面：

（1）所颁发的证书要具有正式感，证书的外观要大气，够档次。

（2）证书的内容要求清晰明确，设计精美，重点突出员工的名字。

（3）颁发证书的场合一定要正式，最好在企业的礼堂、大会议室，如果企业规模不够，可以外租礼堂。

（4）颁发证书的隆重程度要够规格，能以企业全体员工大会的形式颁发最好，或者借助企业内部群的形式公布。

（5）颁发人员要够级别，即便不是企业最高管理者，也应该是高层负责人，体现对取得荣誉员工的重视。

（6）所颁发的证书要在企业内部永久承认，以增强员工对荣誉的渴求度。

4.用员工姓名命名某项事物。

用人名命名某项事物，在每个领域都有使用，这是提升一个人价值和肯定一个人贡献的好方法。

海尔激励员工采用了"用员工姓名命名"不断改进的工作方式，如"王德工作法""李勇冰柜"等。目前，海尔以员工命名的操作法有几百项，提升了员工工作的自信心，增强了员工对企业的归属感。

授予权力，激发员工责任

企业管理一般主要管四样东西：管人、管财、管物、管信息。后三者又都要由人去管理和操作，人是行为的主体，可以说，人的管理是企业管理的核心。因此，现代企业总是把人力资源开发放在相当重要的位置，每个企业都有自己的一套用人理念。"不唯资历唯能力""赛马不相马"的机制给管理者创造了一个展示自己的平台。不仅可以激励员工，还有利于为企业挖掘人才。于是，为员工授权成为企业管理中非常重要的环节，将权力恰当授出，保证权力大小合适，管理宽度适中，时间跨度到位。并做到在授权之后不横加干涉，给予被授权对象最大的尊重。

合理、正确、充分的授权有两个显而易见的好处，一是让管理者从繁杂的管理任务中解脱出来，将更多的精力投入最应该思考的问题上；二是让员工得到最大限度地锻炼，增加员工的工作自信心和积极性。想要实现合理、正确、充分的授权，必须满足八项基本原则（见图4-5）。

授权的原则

- 直级原则——给下级直接授权，不能越级授权。
- 结果原则——只关注被授权者做出的结果，不关注过程。
- 相助原则——所授予的权力应是被授权者对执行授权任务最需要、最有帮助的。
- 明责原则——授权的同时要明确被授权者所获得的权力范围和责任范围。
- 合适原则——根据具体任务需要，找准合适的授权对象。
- 单选原则——同一项任务只能授予一个人或一支队伍去完成。
- 动态原则——针对下属的不同环境、不同目标责任、不同执行时间、授予不同的权力。
- 可控原则——授出的权力必须是可以控制的，做到受权者可控与授权者自主。

图4-5　授权的原则

美的集团董事长何享健的授权，既能把职业经理人放得很远，又能拉得很紧。在美的，每个人证明自己的时间很短，基层业务员一般只有3~6个月，事业部总经理是一年一聘。管理者会对下属实行授权管理，给其充分发挥的空间。以在规定期限内能够取得规定的业绩为考核标准。在授权过程中，下属能接触到以往其本职工作岗位上无法接触到的，能力得到了很好的锻炼和提升。

在开展授权管理时，需明确授权的内容，才能有序开展授权管理工作。通常分为以下3大类：

（1）人事管理权。包括：任用权、罢免权、指挥权、考核权、定薪权。

（2）财务权。包括：支付权、预算权、使用权、资产处置权、资金使用裁定权。

（3）事务权。包括：工作内容选择权、工作场所选择权、工作时限决定权、考核标准制定权、工作要求制定权。

授权激励中，并不是任何一项权力都可以授予下属，一些核心权力是不可以授出的，否则一旦失控会给企业造成致命的打击。因此，需要以工作性质为依据确定是否授权（见图4-6）。

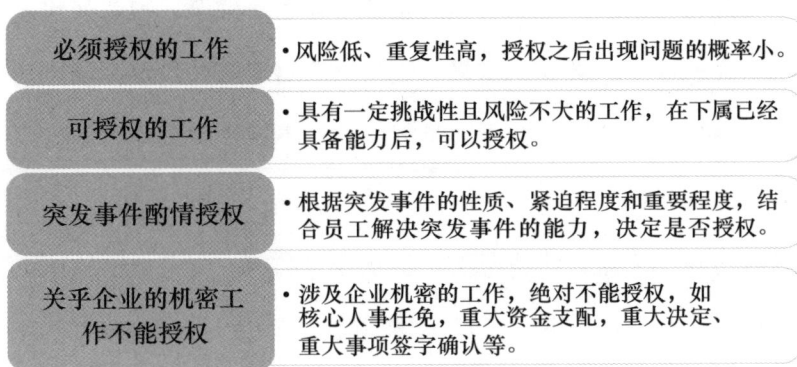

必须授权的工作	·风险低、重复性高，授权之后出现问题的概率小。
可授权的工作	·具有一定挑战性且风险不大的工作，在下属已经具备能力后，可以授权。
突发事件酌情授权	·根据突发事件的性质、紧迫程度和重要程度，结合员工解决突发事件的能力，决定是否授权。
关乎企业的机密工作不能授权	·涉及企业机密的工作，绝对不能授权，如核心人事任免，重大资金支配，重大决定、重大事项签字确认等。

图 4-6 以工作性质确定授权

把权授对人，才能涉及授权考量，授权责任，授权可控等。如果授权对象错了，即便有很好的授权机制，最终的结果也只能是"100-1=0"。因此，必须了解下属的长处，在授权时做到用人所长，让员工在自己的优势上发挥最大的能力，创造最大的价值。这种情况下的授权激励才能收到最好的效果。

有什么方法可以帮助管理者了解员工的长处呢？

（1）从日常工作中判断。工作能够体现一个人全方位的能力，包括技术能力、沟通能力、创新能力、协作能力、解决问题的能力等。

（2）从言谈举止的细节上判断。虽然人都免不了会隐藏原生性格，但性格中最根本的东西还是会从细节处暴露出来。

（3）从解决特定问题的过程中判断。在解决突发事件或疑难问题时，观察员工在解决问题的过程中的能力表现和情绪表现。

在授权之后，还要对被授权的个人或团队给予充分的信任。信任能让被授权者安心执行任务，也能为授权者降低管理难度。

谷歌公司有一项不成文的规定，就是管理层必须与各执行团队建立良好的信任关系，管理层需要给予下属充分的权力去执行和做决策。谷歌内部有两句名言，让员工"不必多请示"，让管理层"不能多参与"。

但是充分授权不等于不需要监督。封建社会靠道德力量约束人，如忠义、士为知己者死，市场经济则靠法制力量，法规还不健全，需要强化监督。市场是变的，人也会变。必要的监督、制约制度对于管理人员来说，是一种真正的关心和爱护，因为道德的力量是软弱的，不能把管理人员的健康成长完全放在他个人的修炼上。"无法不可以治国，有章才可成方圆"，在市场经济条件下，权力在失去监督的情况下，就意味着腐败。所谓道德约束，自身修养、素质往往在利益面前低头三尺。"将能君不御"，但权力的下放并不等于监督制约的放弃。越是有成材苗头的管理者，越是贡献突出的管理人员，越是委以重任的管理人员，越要加强监督。总之，只要他们手中有权、有钱，就必须建立监督制约机制。

浸于文化，培育共同价值观

随着时代的发展，为了能够更好地吸引和留住新生代劳动者，企业的价值观不断地更新、与时俱进，这样才能与新生代劳动者的价值理念相吻合。以文化培育塑建团队共识，文化激励是最深层的激励方法，创新时代的企业文化其价值观应该是企业成功经验理念和新生代员工新价值理念的有机综合，也只有这样的企业文化价值观，才能够真正起到事先激励员工的作用。企业文化是以价值观为核心的，价值观是把所有员工联系到一起的精神纽带；价值观是企业生存、发展的内在动力。

企业文化建设要从企业的历史沉淀中去总结，去提炼，才能形成企业所独有的文化。而在提炼中，我们需要沿着一个方向去搜寻，去发现各历史事件背后所折射的、潜藏的值得我们继续坚持、追求并发扬的一个或多个理念。而这些需要企业员工共同坚持、追求并想要推广发扬的理念，就是企业的价值观。阿里巴巴的企业文化中，"相信员工"是非常重要的一条。阿里巴巴并不强制员工上班打卡，对于员工的迟到也并不敏感。虽然规定上班时间为9：00，但电梯最拥挤的时段却出现在9：30~10：00，只要迟到不影响工作效率就没人过问。对于加班的员工，阿里巴巴负责提供免费晚餐，没有人会审核员工是否真的在加班，就可以去食堂吃饭。

阿里巴巴的"信任员工"的价值观，极大地增强了员工的归属感，也激励了员工的责任心和敬业精神。优质的企业文化除了对员工具有激励作用外，还对员工有其他3个方面的影响：

（1）凝聚作用。企业文化就像黏合剂，将松散组织与员工黏合在一起，在企业内部产生极强的凝聚力和向心力。

（2）导向作用。企业文化能将员工的个人目标引导到企业的战略目标上。员工认同企业目标，并以此为依据制定个人的发展目标，企业上下将汇聚成合力。

（3）约束作用。企业文化所传递的价值观会逐步转化为员工的心理常态，构造出一种全面响应机制，最终形成有效的"软约束"。

企业文化是企业核心价值观的重要体现，优秀的企业文化很容易帮助企业员工形成强烈的归属感和认同感，进而促使员工形成使命感，激发其工作的主动性，进而提升其工作效率。

企业的活力是企业整体力(合力)作用的结果。企业合力越强，所引发的活力越强。以企业领导人的言传身教来树立统一的价值观。员工的企业价值观并非天生，需要企业的灌输与宣传，经过不断地潜移默化后，员工才能逐渐接受并内化为企业价值观。还需要建立健全配套机制，企业价值观渗透到企业，以及所有员工日常经营管理过程中的每一环节。

第五章
借力负向激励刺激员工潜能

负向激励是对人的行为进行负方向强化，采用批评、责怪、处罚等强制性、威胁性的方式，杜绝某类行为的发生，使处于强化中心的对象自动产生认错、纠错、防错的心理，希望被激励者以坚强、勇敢的态度改正其错误行为，并实施正确行为。关于负向激励的方法，经过多年实践验证，最常用也最有效的也有7种：批评、处罚、降职、危机、竞争、激将。负面激励要有底线思维，国家有法律、公司有制度，有些错误是不能犯的，若犯则需要给予惩罚。企业的处罚规定一定要经过工会或职代会的审核，才能做到有法可依。

批评要精准有度

使用批评激励时容易产生一个误解，就是有些管理者一看到员工犯错误就要罚他们，到最后成了"以罚代管""一罚了之"。惩罚的目的有3个：一是为了维护公司内部的管理秩序；二是给其他的员工一个警示，起到"杀鸡镇猴"的作用；三是让犯错误的员工下次不要再犯同样的错误。在运用负激励时，一定要注意把握一个方法和一个"度"，对于不同等级的员工群体，要区别使用不同的激励措施。有些使用批评和教育就能解决的问题，就不必动用处罚的手段了。

某咨询商学院领导力培训学员陈康先生经营一家小型造纸厂。一天中午，他看到几名工人在厂区里吸烟，虽然是休息时间，但厂区24小时严禁吸烟。陈康看到工人明知故犯，心里很恼火，他本可以大声斥责，并按工厂规定每人扣发三天薪水。但他平静了一下心血，走到工人面前，每人发了一支中华烟，轻声说："小伙子们，如果你们能到外边吸烟，我将非常感激。"

工人在老板走过来时，已经知道错了，心里很紧张，认为一顿猛烈的批评是逃不掉的。但出乎他们的意料，老板没有批评，还给他们"递烟"，几名工人觉得很惭愧，接过中华，向陈康鞠了一躬，快速跑出了厂区。

陈康的做法很聪明，工人的错误已经犯下了，再多批评也改变不了现实。不如施展暖心术，工人因为自己犯错而未遭到批评，心里会升腾起愧疚和感恩，会感谢老板的宽容，在日后的工作中一定会更加尽心。

其实，多数人犯了错误后，自己是清楚的，心里已经感到不安，并做好了被批评的准备。但即便是所有准备，心里还是会设定底线，如果批评的严厉程度超过了自己的底线，被批评者就会产生逆反心理，这样的批评起不到作用。因此，在批评之前，要找到对方的闪光点，先肯定对方的闪光点，这是对批评的"包装"。

售楼部销售经理注意到一位销售员总是很懒散，决定敲打敲打他，主管说："你的工作成绩很不错，我很喜欢你，你知道自己有哪些优点吗？"

销售员支支吾吾了好一会儿也没说上来一点。

主管说："你有4大优点：第一善于学习，不断更新知识和经验；第二头脑灵活，反应很快；第三非常细心，能发现别人难以发现的细节；第四性格开朗，乐观坚强。"

销售员惊讶不已，就在他沾沾自喜时，经理话锋一转，说："但是，我也发现你有一个很大的缺点，就是不够勤奋，每天打电话拓展客户的数量明显比其他人少。我觉得你如果勤奋一些，完全可以更出色。不是为了公司，而是为了你自己。你觉得我说的对吗？"

销售员的眼里闪着光芒，承认自己确实不够勤奋，表示今后一定会努力克服。

事实证明，那些疾风暴雨式的批评，即便是正确的，也会引起被批评者的抵抗情绪，而给对方留情面的批评方式，更容易使被批评者接受。批评的目的是让员工真正认识到自己的错误，提高思想觉悟，提升道德和修养水平，从而少犯错误，不断变得优秀。

激将要把握时机

激将，激起的是对方的羞耻感和战斗欲望，让对方在必须保住自尊心的压力下，主动接受挑战。有时候人的想法很奇怪，委婉的劝说不起作用，刺激其自尊心却能得到想要的结果。因此，作为企业管理者，要懂得运用这种对人情绪的操控方式来达到自己的目的，在下属不想接受某项具有挑战性的任务，而上级认为这项任务该下级是有能力完成的，只要在对方没意识到的情况下采用激将法，扭转对方的心意。如果对方在被激之后同意接受挑战，此时就不再是上级委派的任务，而是下属主动做出的选择。

历史上，赤壁大战之前诸葛亮说服东吴君臣抗曹，用的就是激将法。江东主战派与主和派各执一词，孙权无计可施。大将军周瑜也不表明自己的观点，"战"与"和"都有利有弊。诸葛亮、鲁肃去拜访周瑜，三人在书房坐下后，诸葛亮问周瑜是"战"是"降"，周瑜却说：曹操势力滔天，更有百万大军，准备请和。诸葛亮知道周瑜是在说违心话，便接话说：其实东吴也不必投降，为了减少损失，只要将两个人送给曹操便可。周瑜吃惊地问道：什么样的两个人，诸葛亮道：两位绝世美女——大乔和小乔，听说曹操一生的两大愿望，一者是一统天下，成帝王霸业；一者是拥有江东二乔，相伴晚年，他死而无憾。周瑜听后面色发紫，大骂曹贼，誓与曹操不共戴天。诸葛亮便好奇地问道：都督为何如此生气，用两个人换江东的安危，再好不过了。旁边的鲁肃大声道：孔明不要再说了，你难道不知道大乔乃孙策之妻，小乔正是周瑜之妻？诸葛亮诚惶诚恐俯首道：孔明断然不知，说出这等话来真的是罪该万死。周瑜于是拔剑，发誓与曹贼抗争到底。就这样，诸葛亮智激周瑜，坚定了他抗击曹操的决心。

常言说得好："请将不如激将。"有时候巧用激将法，可以更好地激发员工工作的积极性。最简单的道理，任何人都有自尊心，当其感到自尊心受到损害时，通常会奋起抗争。

激将也要注意以下几个原则：

1.因人而异的原则。

提醒企业管理者，在运用激将法进行激励时，一定要注意区分对象，要根据员工的性格确定是否运用激将法。如果员工自尊心强烈、在意个人名声、重视工作成绩、具有挑战精神等，可以实施激将激励。但如果员工不具备较为强烈的性格，而是性格相对绵软，"内驱力"不强的员工，起不到激励的作用，可能越激励越糟糕、压得瘫了腰。

2.因事而异的原则。

不是所有的工作都可适用激将法，有些工作只需要直接命令即可，只有那些具有一定的挑战性，必须是被激将的人员有能力承担的任务，通过跳起来是可以达到目标的。激将只是激发起其跳起来的动力。让被激励者感觉是委以重用，肩负起复兴企业的大任，会有激情腾起，大有背水一战的豪情。

3.把握时机的原则。

必须要看准时机运用激将法，不能推出太早，各类条件环境都不具备，时机尚不成熟，草率地激将结果就是任务失败，会大大挫伤员工工作热情和信心；但是激将也不能推出太迟，任务接近尾声，最难的攻坚阶段都已经结束了，上级突然发起激将，让大家都感觉莫名其妙，像是要白送成果给被激将对象一样，有分配任务不公之嫌。

4.掌握分寸的原则。

在使用激将法之前，一定要对对方的性格有一个比较透彻的了解。运用激将还要注意不能不痛不痒，也不能过犹不及。不痛不痒会给人隔靴搔痒的感觉，如果语言过于尖刻则会让对方误认为是对自己的人身攻击。

5.反激将法。

随着激将法日益被大众使用频率过高，越来越多的人深知其心理套路，无论对方如何"激将"依旧可以"我自岿然不动"地保持淡定。其实，这里有比"激将法"更深一层的策略，叫作"反击将法"。反激将法的独到之处就是将你希望别人改变的理想情景视为给他人一种奖励目标，通过批评不好的做法，给了被说激将对象一种预先奖励——就是他的自尊心和自豪感。为了维持这种形象和得到预期赞赏，他就会自愿尝试去改变。

处罚要宽严相济

对于管理者而言，宽容是凝聚人的重要做法，但走向极端也会造成涣散。因为对某个人宽大无边会引起其他人的不满，对某种不良倾向过于容忍会导致整个组织的涣散。激励员工奖惩并用、恩威并施才能够提高激励的效力，在这种"奖惩激励法"实施过程中，惩罚对人的印象更为深刻，很多员工为了不受惩罚而努力工作，又因为努力工作而受到奖励，便达到了激励的目的。

阿里巴巴为激励员工，在企业内部采用了"271奖罚"。各团队中，都排出前20%的优秀者、70%的普通者和10%的落后者，针对排名进行奖惩。

"271奖罚"主要表现在员工奖金方面。马云曾说："奖金是对昨天工作的肯定和对未来工作的期望；我们将严格执行'271制度'，旗帜鲜明地奖优罚劣。将特别突出奖罚分明、愿赌服输，打破大锅饭和平均主义。包括公司所有层级在内都将对top20进行奖励提升，同时对bottom10加强问责。这是对勤奋付出的同事的最大公平，同时是激励所有阿里人去挑战更高的目标。"

在阿里巴巴，员工的年终奖没有定额，按照当年贡献计算。依据"271奖罚"，top20员工通常可以拿到5~6个月工资的年终奖励；中间70%的员工可以拿到1~3个月工资的年终奖；bottom10员工很大可能没有年终奖。

通过"271奖罚"奖惩激励，阿里巴巴对员工实现了有效激励。员工为了获得更可观的奖金，也为了避免因业绩不佳被淘汰，会努力地工作，提升自己的工作业绩。

管理者惩罚下属，要的是改正错误的结果，而不是让下属惭愧甚至没脸见人，又或者有经济上的损失，相信一个把管理做到位的人，绝对不会把自己的惩罚拘泥于几句毫无创意更未必见效的骂人的话。倘若下属在工作中出现失误，管理者要批评他时，一定不要当着其他下属的面或者客人的面。当着一个下属的面批评另一个下属是最严重的失误。尤其是被批评者是管理岗位的员工时，当着下属的面挨了批评，以后再无法树立管理威信。高明的做法是，即使下属的行为让人感觉很生气很难接受，管理者仍然能保持冷静，选择更有效而不是更直接的方法去批评犯错误的人。

惩罚要带有教育性，让犯错者知道自己错在哪里。下属做错了事要受到惩罚，这是正常的，也是改正错误所必需的，如果被批评者得到这个教训之后不再犯同样或类似的错误，就可以说批评目的达到了。公司奖惩规定里的处惩条件，是要一视同仁的惩处，不能因为职位高、年龄长而网开一面。

一家投资集团总部的周例会，老板到达会议室时所有高管都已经坐在位置上等候了，老板问行政总："我迟到了几分钟。"行政总回答说8分钟。老板又问："那按集团会议管理规定该如何处罚？"行政总回答："站着开会8分钟。"老板说"好！现在开始会议，我站着主持8分钟……"

销售部经理离开座位没有复位转椅，椅子斜滑到后面三四米的地方，行政检查员发现了警告一次，并告知其如果再次出现将会收到50元的罚单。销售经理说，这次就处罚吧，50元让我长个记性，不罚的话，下次我可能还会忘记。

在职场处理事情时，常常需要跳脱出个人的视角和感受，更多地站在公司的角度和大局来看待事情，这样就不会有太多的个人情绪。惩罚之前订好游戏规则，内容是不能违反国家劳动法规，必须全体员工都认可并承诺愿意遵守的。订好游戏规则后要严格执行，不能因人而异，只处罚基层不敢触碰高层，只处罚新员工不敢触碰老资格员工，处罚不能处在"干打雷不下雨"的尴尬状态。在执行力有问题的时候，罚金会起到刺激的作用。归根究底，惩罚不是目的而是手段，为了能真正塑造企业优秀的员工。

降职要留有余地

被降职处理的员工，一般会有这样3种常见的心态：一是觉得很没有面子，人前抬不起头来，回家向亲属朋友无法交代，会有直接离开的想法；二是不服组织处理结果，认为不是自己的原因，找理由抱怨单位处理不公；三是能够积极调整心态，勇于面对挫折和挑战。

张启峰是某货运汽车公司销售部A组组长，他带领组员们历经十天"鏖战"，成功向江西的客户推销出6辆重型货车。客户明确要求要将车底盘抬高10厘米，张启峰在记录时因为数字书写潦草，改装部门错将10看成了12。在车辆全部改装完毕，与客户确认时才发现这个重大的差错，但已为时过晚。客户找汽车公司高层讨要说法，销售经理亲自出面洽谈，同意免除改装费，并当场赔付8万元作为损失补充。客户虽然仍有些不满，但底盘高出的2厘米并无妨碍，且销售方态度很好，也就不再追究了。

事情结束的第二天，张启峰递交了辞职书，并承诺会赔偿公司损失。

销售经理问他："这个错误很严重，但属于可以避免的吗？"

张启峰说："这根本是不该发生的。"

销售经理问："我批评过你，但有要赶你走的意思吗？"

张启峰摇摇头，随即说："可我自己待不下去了。我是A组组长，犯了大错，给公司造成了经济损失。我没有脸再干下去了，更没有脸领导其他人。"

销售经理说："没有人永远不会犯错误，也没有任何保证说，只有犯大错误才能得到谅解，犯小错误就不能被谅解。在这件事情里，我希望你得到深刻的教训，切记小细节也能决定事情的成败。不过出了这样的事，还是需

113

要有个态度出来。现在撤掉你A组组长的职务，调入B组从一般销售员做起。如果你能振作，我相信依你的实力，很快就会回到应在的位置上。"

张启峰接受了建议。此后他努力工作，用了9个月就完成了公司交给他的一年的销售额，成为公司的销售冠军，又一次被提拔到领导岗位。而且，他的这次升职令其他人心服口服，从哪里跌倒从哪里爬起来，这本身就足以令人敬佩。

就像这位经理说的，任何人都免不了犯错误，只要错误不是原发于本质，不是故意为之，就都有可被原谅的机会。但也需要给予一定的警告，通常的做法，普通员工用扣罚奖金，管理者则用降职降薪。

通过这样的方式，不仅对犯错误者本人能起到告诫作用，对其他人也能起到警示作用。同时，让企业内部人员都能看到，即使犯了大错误，企业也不会轻易开除，而是给予改正的机会，在改正之后仍然有升职的机会。对有价值的员工，HR部门要更加关心和爱护，对他们的过去有价值贡献的方面给以适当的肯定，还要与其一同深刻剖析自我，认知自我，调整心态，一般都会收到良好的效果。

考核须奖勤罚懒

通过绩效考核、目标管理、积分制等考核办法，用客观的、符合企业现状的、有针对性强的指标设置，革除企业干多干少一个样、吃"大锅饭"的痼疾，充分体现多劳多得、奖优罚劣、奖勤罚懒的分配原则。以考核来区分业绩优劣的方法有很多种，不同的考核方法适用不同规模的企业，在操作中必须选择适合企业实际情况的方法。

1.简单排序法。

简单排序法又称"序列法""序列评定法"，将被考核者按照一定的标准进行排序。该方法的优势是，实施过程较为简便，无须花费太多精力和成本。因为将被考核者按照一定标准进行1、2、3、4……顺序排列，可以有效避免趋中现象（错误地将被考评者划为接近平均或中等水平），减少误差，保证考核结果的准确性。

简单排序法也存在劣势，由于需要将被考核者按照顺序排序，如果人数过多，容易导致考核流程过长。因此，该方法对于被考核人数有一定要求，以控制在15人以内为宜。可以用于公司的下属部门和较小范围内的绩效考核。

2.目标管理绩效考核法。

目标管理绩效考核法以预先设计的考核目标为基础，并将目标由上至下进行拆分，从统一要求、统一实施，分散至各部门、各岗位，并对各部门、各岗位的分目标进行执行监督和绩效考核。目标绩效考核法的实施分为5步（见图5-1）。

| 确定总的绩效考核目标 | → | 将总目标拆分为各个执行层的具体分目标 | → | 制定工作计划和业绩评价标准 | → | 进行业绩评价 | → | 检查与调整实施过程 |

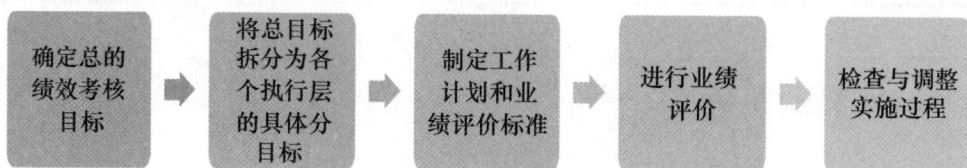

图 5-1 目标绩效考核法的实施步骤

目标绩效考核法的关键在于如何制定合理的绩效考核目标。为保证这一工作的顺利实施和良好效果，需要企业各级管理者和员工共同参与绩效考核目标的制定，以确保绩效考核目标的合理性。目标绩效考核的前提是部门职责与岗位说明书清晰，让员工清晰权责和工作内容及工作达到的标准，定岗定员，做到精干高效满负荷，通过考核推进目标完成，从而提高效率、降低成本。

3.相对评价法。

相对评价法是在组织中寻找一个基准，将其中所有员工逐个与基准进行比较，评估每个员工在组织中的相对位置。相对评价法包括3种具体方式：

（1）序列比较法。序列比较法指按照员工的个人工作成绩的好坏进行排序考核的一种方法。在使用序列比较法时，共分为3个步骤（见图5-2）。

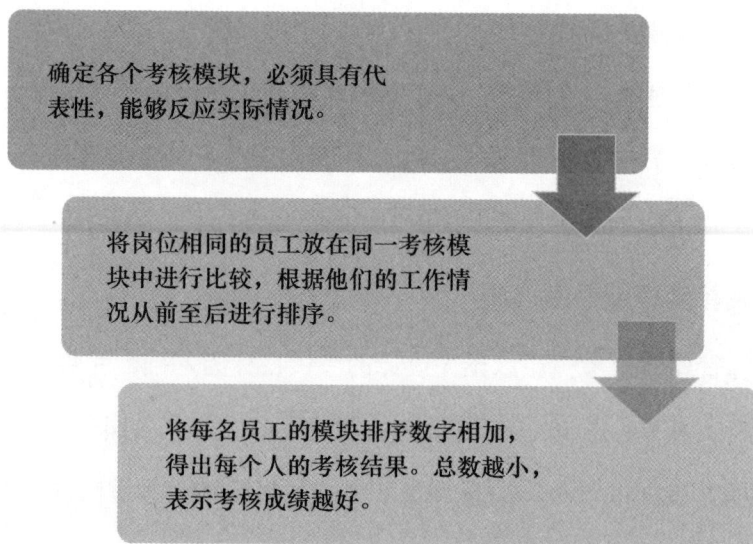

确定各个考核模块，必须具有代表性，能够反应实际情况。

将岗位相同的员工放在同一考核模块中进行比较，根据他们的工作情况从前至后进行排序。

将每名员工的模块排序数字相加，得出每个人的考核结果。总数越小，表示考核成绩越好。

图 5-2 序列比较法的实施步骤

（2）相对比较法。相对比较法是将被考核者纳入比较序列，并进行两两比较。注意所有被考核者都要进行两两比较。相互比较时，较好的一方记1分，较差的一方记0分。最后将每个被考核者的各次比较成绩相加，总分越高，表示成绩越好。

4.360度绩效考核。

360度绩效考核法是指从各个角度来了解个人绩效的方法，是同事评、上司打分、直接领导评、自评，有时候客户评等综合评价的结果。评价方面包括沟通能力、人际关系处理能力、领导能力……通过这种理想的绩效评估，员工可以从不同的反馈了解到自己的不足、长处与发展需求，这样有利于员工制定合适自己的职业发展道路，360度绩效考核较适用于员工晋升评分，能够从多角度分析员工的各项指标。

考绩的结论应对本人公开，考核者与被考核者做绩效沟通和下一阶段绩效改进计划，可以使被考核者了解自己的优点和缺点、长处和短处，从而使考核成绩好的人再接再厉，继续保持先进；也可以使考核成绩不好的人心悦诚服，奋起上进。另外，还有助于防止考绩中可能出现的偏见及各种误差，以保证考核的公平与合理。依据考绩的结果，强制分布排出优秀、称职、基本称职、不称职等级，对优秀人员进行奖励，对不称职人员进行处罚，连续三次考核不称职的可以解除劳动合同。在考核成果应用中，除了对员工实行奖勤罚懒以外，还要关注优秀员工的培训和晋升机制，企业人才梯队建设等因素。

危机要绝处逢生

在中国战争史上，背水一战是非常著名的战役。韩信率军背水而扎，结果大军置之死地而后生，大败赵军。韩信的用兵策略与孙武提出的"投之亡地然后存、陷之死地然后生"不谋而合。在这条兵法中，"投""陷"是指挥员的主动行为，但目的可不是为了"亡""死"。"棋走绝步，兵行险着"的前提是根据主、客观条件，造成危机环境的假象，借此激发将士的斗志，以死地而求生。

但在现实中，与危机主动接触的情况仍是少数，多数是危机不请自来。此时，组织的管理者要做的只是从被动中寻找主动，将危机转化为动力。

摘自财经评论：生鲜电商发展十年，迭代四次，不断摸索，又不断碰壁，屡战屡败又屡败屡战。里边有太多红极一时的身影，如美味七七、青年菜君等，也有太多需要长时间去跨越的难题，如高成本、低毛利、需求分散、供应链长等。

根据Mob研究院的数据，2019年中国生鲜电商市场交易规模突破2500亿元，这么大的市场中，尽管入局者的模式从最初的垂直电商，一路迭代至到家模式、到店模式、社区团购、菜店代运营，但至今未能跑出一家独大的品牌。这个行业从来不缺热钱，同样不缺的还有亏损，电子商务研究中心曾有过统计，在生鲜电商行业，"1%实现盈利，88%亏损，7%巨额亏损。"尽管如此，生鲜电商已逐渐发展为流量巨大的"线上菜场"，接棒外卖成为本地生活第二战场。一场大战开始，拐点尚未出现，先活下来才比较重要。

对于企业来说，风险因素时时刻刻都存在，如何将危机转化为企业发展的动力，是企业管理者必须掌握的。危机到了人人绝望，但运用好了也能激发斗志。

现代心理学研究证明：人们在危机来临之际，会爆发出平时难以想象的能量和异乎寻常的勇气，组织内部会自动放弃偏见和隔阂，团结起来。因此，不能因为惧怕危机，要勇敢面对，这样可以激发全员斗志去解决危机。

很多事例也证明，借助危机激励员工比其他的激励手段效果更加明显。因为其他激励都是在平稳中，人们有时间、也有条件去分析、对比，看看是否应该接受激励。只有危机激励是人们在情绪动荡中实施的，人们没有时间、也没有心情去考虑其他的，只希望能通过搏杀取得成功，为自己赢回尊严。这就获得了天然的亢奋因素，有了亢奋的加持，激励将更为彻底。

这就是"危机激励"被愈发重视的原因，因为运用得当，将产生极好的激励效果。危机激励的正确步骤是：

（1）将目前面临的危机如实告诉全体员工，目的在于使员工切身体会危机感。注意"如实"和"全体"，不能在危机来临时欺骗员工，也不能厚此薄彼，企业的每个人都是财富。

（2）给员工树立"不战必亡，战有望"的观念，断绝员工的侥幸心理。

（3）激发员工的战斗情绪，使大家无所畏惧，齐心协力一致对外。

（4）寻找解决危机的突破口，将力量集中于此，再一举爆发出来。

危机常有，但危机激励不常有。因为懂得运用危机激励的管理者占比很少，能够将危机激励运用得当的管理者少之又少。但不得不说，这是非常实用又效果奇佳的激励方法。

引用松下幸之助的话："不论拥有多么伟大的事业，从来没有一个人不曾遭遇过失败的。做事总会遭遇失败，但在每一次的失败中有所发现，经过无数的体验后，在其间逐渐成长。最后，在自我心中产生某种伟大的信念，才能完成伟大的事绩。最重要的是，当遭遇失败而陷入困境时，要勇敢而坦白地承受失败，并且认清失败的原因。体悟到，这是非常难得的经验，最宝贵的教训。"

竞争要贯穿始终

良性竞争也是一种激励方法。通过将优胜劣汰原则引进工作中，使组织内部升腾起集体强化的自觉机制。心理学实验表明，竞争可以使人增加50%或者更大的创造力。竞争就是通过彼此间在成绩上的距离，激励员工努力拼搏的精神。当企业内部形成一种公平的、积极的竞争机制，不仅员工能力能得到提升，也有助于形成良好的企业文化，形成积极向上的环境，激励所有人追求卓越。

戴尔·卡耐基在其所著的《人性的弱点》一书中，讲了一个关于竞争的小故事：

因为工人总是完不成生产任务，磨坊经理无奈去请教激励专家施瓦普。施瓦普问磨坊经理："为什么磨坊产量没有达到预期，你认为是什么原因？"

磨坊经理说："我就是不明白啊！为了让工人们提高效率，我用了很多方法，激励、惩罚、表扬、批评，甚至威胁，但全都无用。"

施瓦普随磨坊经理来到现场，观察工人们的生产状况。在白班结束后，他问工人们："你们这一班，今天磨了多少轮？"

工人回答"6轮"。施瓦普用粉笔在墙壁上写下"6轮"。上夜班的工人看到墙上的字随即来了斗志。当第二天早上施瓦普来到磨坊时，发现墙壁上写着"7轮"。白班工人看到被夜班工人超过了，自然不甘落后，开始卖力的干活，下班时很自豪的在墙上写下"10轮"。

就这样竞争开始了，原本生产远远落后于计划产量的磨坊迅速在行业内站稳了脚跟，最终成为面粉行业的翘楚。对于该面粉厂的改变，施瓦普说：

"要做事就要竞争，我说的竞争并不是为了肮脏的钱，而是一种超越的欲望。"

当然，竞争也要设置上限，不能为了竞争而将员工置身于无限工作中去。前阶段时间网上传出某公司管理者要求员工超出工作承载量的工作。按照该公司管理者的理解，这是一种自然的竞争，做不了或不想做，公司不强留，能做了的公司一定重视。网友们认为这不是竞争，而是压榨，员工不睡觉、不吃饭也无法完成的工作。员工不是机器，过高强度的工作是无论如何也无法坚持的。工作目标的确定要与企业的现实相一致，主要考虑设备数量、原材供应、人员数量及技术熟悉程度等因素，确定的工作目标要让员工经过努力才可以实现。竞争激励法的实施分为3步（见图5-3）。

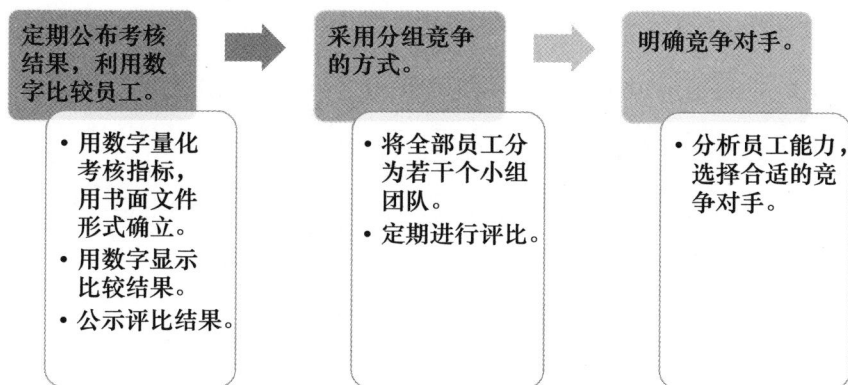

定期公布考核结果，利用数字比较员工。	采用分组竞争的方式。	明确竞争对手。
• 用数字量化考核指标，用书面文件形式确立。 • 用数字显示比较结果。 • 公示评比结果。	• 将全部员工分为若干个小组团队。 • 定期进行评比。	• 分析员工能力，选择合适的竞争对手。

图 5-3　竞争激励法的实施步骤

现代企业运用最多的一种竞争激励方式是"末位淘汰制"，是指企业根据指定的总体目标和具体目标，结合各部门、各岗位的实际情况，设定相应的考核指标，并以指标为标准对员工进行考核，再根据考核结果将考核得分靠后的员工淘汰。从实践来讲，末位淘汰制可以警示工作状态不好的人，推动员工的工作积极性，避免人浮于事。

末位淘汰制的实施过程分为6个步骤（见图5-4）。

根据企业考核制度对所有岗位员工进行考察。	在考核程序与结果合理合法的前提下,对不能胜任的员工不能立即淘汰,而要提供培训或调整岗位,让员工有"再一次"的机会。
对经过培训后的员工或岗位调整后的员工,需重新进行考核。	对再次考核通过者,可以在原岗位或新岗位上留用。对仍不能通过考核的员工,企业拥有解除劳动合同的权利。
若企业准备单方面解除劳动合同,需提前通知员工,也可以选择以"代通知金"(一个月工资)作为补偿代替提前通知期。	企业要根据员工的工作年限,支付一定的经济补偿金。因为员工不能胜任当前岗位的工作,不代表其没有付出过努力,更不代表其对企业毫无贡献。

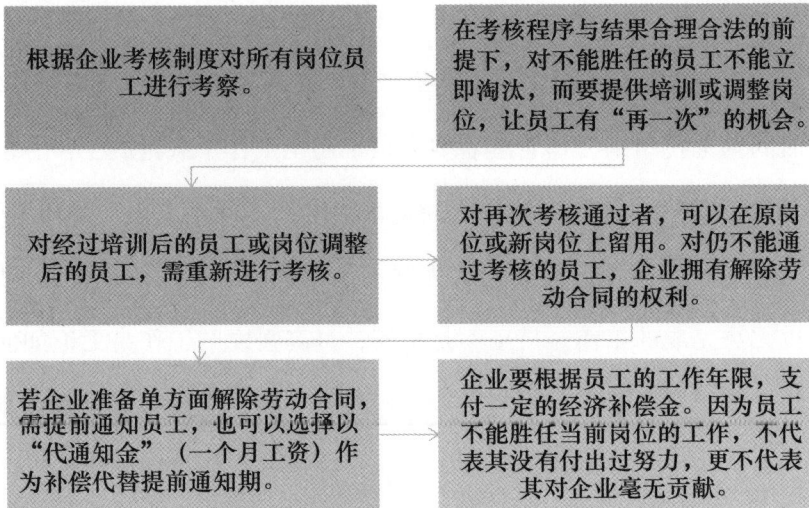

图 5-4　末位淘汰制的实施步骤

实施末位淘汰,必须要明确淘汰界限:

(1)企业制定末位淘汰规章制度,应当履行职工民主程序,即征求工会或者职工代表意见,或交职工代表大会审议通过。

(2)淘汰周期要依据企业人力资源的素质水平而定,当目标已经达到时,末位淘汰就要宽行或者缓行。

(3)末位淘汰的周期以两年一次为宜,最频繁也应控制为一年一次,不可间隔时间过短,给员工心理造成恐慌。

(4)末位淘汰的范围一般应小于全体员工的5%,在各部门中的分布应是不均匀的。

此外,在实施末位淘汰的过程中,企业管理者还应注意3个问题:末位淘汰后的员工缺口要及时补充;末位淘汰评比的过程要公正、公开;实施末位淘汰必须在与员工签订的劳动合同中约定相关条例,公司绩效考核方案反复培训并由员工签字认可的,以避免执行中产生不必要的纠纷。

(5)淘汰也不是简单的将员工踢出原岗位,企业可以视自己的能力和员工的特点,协助员工发挥其优势,找到新的工作岗位。

第六章
加强项目管理推行目标激励

目标是组织和个人奋斗的方向，完成目标是工作结果的完美体现。目标激励就是通过设置恰当的目标，以激励人的成就动机，达到调动积极性、克服困难完成计划目标的目的。在设置目标的过程中，要保证组织目标与员工目标的一致性，以及目标的适当性、挑战性和具体性，最好是"跳一跳，够得着"和"能量化的量化，不能量化的质化"。总目标根据时间或组团等因素划成若干小目标，当被激励者取得阶段性成果时要及时予以反馈和奖励，有助于过程把控，将总目标完成在可控制范围之中。

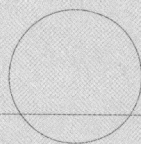

项目工作评价

项目管理是将关键工作划分为一个个独立的项目块，项目的管理者在约定的权限下，运用系统的观点、方法和理论，对项目涉及的全部工作进行有效地管理，即从项目的投资决策开始，到项目执行结束的全过程，进行计划、组织、指挥、实施、协调、控制和评价，以实现项目的目标。

在传统项目实施过程中，当企业设定了一个项目后，参与该项目的会有若干个部门，通常包括财务部门、研发部门、产品部门、市场部门、行政部门等。不同部门在运作项目过程中不可避免地会产生摩擦，必须进行协调。任何对项目执行有利的行为都会增加项目的成本，影响项目实施的效率。而现代企业项目管理的做法则是：不同职能部门的成员因为某一个项目而组成团队，项目经理则是该项目组的领导者，他所肩负的责任就是领导该团队准时、优质地完成全部工作，在不超出预算的情况下实现项目目标。

项目的管理者不仅仅是项目执行者，他参与项目的需求确定、过程选择、计划制定直至收尾完结的全过程。并在时间、成本、采购、流程、质量、风险、合同、人力资源等各个方面对所负责的项目进行全方位管理，因此项目管理可以帮助企业处理需要跨专业解决的复杂问题，并实现更高的运营效率。项目运营目标书 —— 体现公司项目投资的战略意图和最初意愿，对整体开发策略及经营开发计划内容的整体规划，是项目经营计划细化及执行的总纲。项目运营计划如下（见图6-1）。

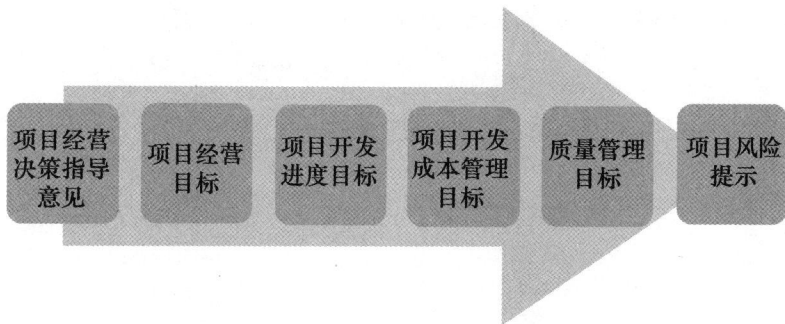

项目经营决策指导意见　项目经营目标　项目开发进度目标　项目开发成本管理目标　质量管理目标　项目风险提示

图 6-1　项目开发计划内容

可见，项目管理是提高企业整体运营品质和效率的必要途径，企业所有需要通过项目管理的模式来实现的工作目标都可以通过调度人员、设备和预算等因素进行项目实施。如何确定项目管理实施的优劣度和完成度？就需要在项目完成后对实施的项目进行总结。

1.项目完成后进行项目组内部总结复盘会议。

项目经理须在一周内组织项目组召开工作总结复盘会议，针对项目实施过程中，各专业部门对做得好的地方和做得不好的地方，分别总结经验和教训，并对做得很不好的地方进行检讨。在项目经理的带领下，团队逐步核对项目相关归档文件是否齐全和完善。

2.项目组工作评价和激励。

本阶段应分为两个子阶段进行，分别是评价和激励。

在对项目组工作进行评价阶段，原则上项目组所有成员不可参与。具体做法是：在项目组工作结束后，由项目督导人组织相关部门负责人会议，进行项目组工作评价。该项工作依据项目类型确定实施时间，但最迟不能超过项目结束后一个月提交对项目的整体评价结果。评价内容和权重分配如下（见表6-1）。

表 6-1　对项目评价结果的内容与权重分配

内容	解释	权重	备注
《项目实施控制计划》执行匹配程度	计划中明确各子项目的目标、重要节点、项目范围	30%	按比例对项目进行评估，30 分扣完为止。也可根据情况进行加分，最高可加 10 分
项目档案资料完整程度	反应项目执行过程的合理性及对项目过程的记录	20%	文档不完整：20%×x/n（x 为文档缺失项目，n 为应提交项目文档） 文档缺失：每缺失一个文档扣 5 分，扣完为止
项目量产或试运行情况	考核项目投入正常运营后，设施使用部门或产品制造部门对于设施运行或产品量产的活用性进行的判定	20%	一般由生产部门或设施使用部门会同项目督促人进行评估打分
项目预期目标完成情况	考核项目量产或运行一段时间后，对项目整体成功的综合客观评估，反应项目是否达到目的及相关资源的投入产出值	20%	——
后续问题反馈	在项目量产或运营一段时间后，项目组成员给予使用部门或制造部门问题点的支持和反馈	10%	——

在对项目组工作进行激励阶段，要先确定项目组工作采用的激励方案，由项目督促人主持，项目经理及项目总负责人组成评审小组。可以分为两个步骤：

（1）依据项目组工作评价结果，确定激励总金额。可以采用以下公式确定：

激励总金额 = 额定激励金额（立项报告中确定）× 项目组工作评分（百分数）

（2）由项目经理提报项目组成员激励分配方案，由项目督促人审核和项目总负责人批准。注意，激励并非针对所有项目组成员，可根据实际工作情况不给与某些个体激励。

不要认为项目做了移交，激励也以发放，项目档案已归档，项目就算彻底完结。还要预留项目质量保证金，并在交付后派特定人员对项目进行追踪，若发现重大隐藏问题，必须进行专题讨论，追溯相关项目组成员责任，可从后续绩效中扣除项目激励或进行相应处罚。

设定合理的关键节点

项目必须是基于某一个明确目标而展开的一段持续性的工作，且具有明确的开始时间和结束时间。此外，项目可以根据实际情况，拆分成多个子项目，每个子项目就是一个关键的时间节点，每个子项目内部也可根据具体情况划分节点。当目标达到或由于其他原因中途停止时，此项目宣告结束。但对于中途停止的项目，有可能后续继续按原计划开展或改变执行计划重新开展。

为了顺利完成项目产品、服务成果等，根据项目过程中尤其需要控制的关键节点对项目进行分段，进而形成项目阶段。因此，各个项目阶段之间由关键节点分割，关键节点也被称为项目的里程碑节点。各个项目阶段的关键节点不同，工作重点也不同，每个阶段的输入资源与输出内容不同，每个阶段所需的技术要求和工具运用也存在差异。项目管理的重点就在于建立每一个关键节点，每个项目从执行开始就着重把握关键节点，实现项目的整体目标。

华为公司每进入一个欧洲国家的市场，都采用建立项目关键节点，并先争夺小节点的策略，进而扩展大市场。华为对关键节点的设置要求能够清晰识别，在充分审评后确定。

项目规划中对整个项目的时间管理具有重要意义的因素都可作为关键节点，如目标、业务、生产率、交付期限等。通常情况下，根据项目的生命周期，可以将启动、计划、执行与监控、收尾作为4个基本的关键节点划分方式（见图6-2）。

启动阶段	计划阶段	执行与监控阶段	收尾阶段

项目任务书 → 工作分解结构 → 活动排序 / 成本估计 → 进度计划 / 沟通计划 / 风险计划 → 项目计划 → 沟通 / 项目监督 / 变更管理 → 评估验收 / 项目总结 / 文件归档

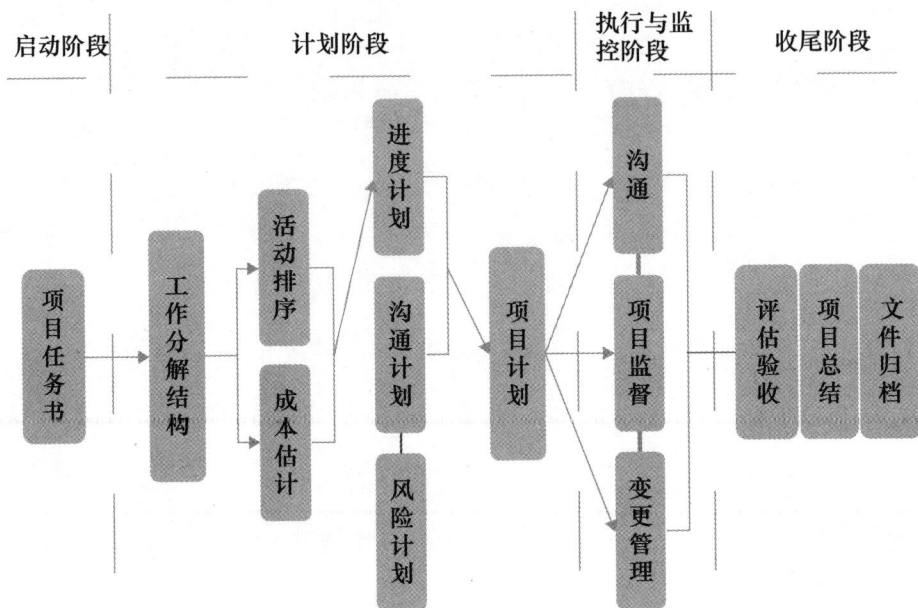

图 6-2 基本的项目关键节点划分

2010年9月，华为公司与某城市新客户达成合作，项目是建设50万线固网。执行过程中，客户出现两方面反馈问题。为了将客户的反馈落实到位，项目组工作人员制订了"里程碑计划"，通过该计划落实各阶段工作内容（见图6-3）。

10月10日 成立项目组 → 10月12日 发送邀请函 → 10月15日 确认行程 → 10月21日 启程 → 10月25日 考察结束 → 10月30日 回访

图 6-3 华为某项目组里程碑计划节点

规范完整的项目管理关键节点，是项目团队快速、准确完成交付任务的重要方法，不仅是华为项目组常用的工具，也是所有企业组建项目组必须用到的方法。下面通过华为的"里程碑计划"探讨项目关键节点制订和实施的步骤（见表6-2）。

表 6-2　项目关键节点划分的步骤

步骤	关键节点	具体内容	注意点
1	分析项目步骤	缜密思考项目的执行过程，使关键节点划分的可操作性增强	找出所有完成该项目所需要的环节
			将想到的、分析出的环节，全部写出，理出简单的思路
			整理各环节，删减重复的、合并相似的
			分析完成这些环节后，按执行的先后顺序将各环节排列好
2	确定关键步骤	从上一阶段分析出的所有项目步骤中提出关键环节	对项目的周期、质量、进度、可靠性、安全性有直接影响
			对下个阶段的工作执行、工期起始、资源调配有重大影响
			某个项目环节资源薄弱、业务不熟练，可能带来麻烦
3	分配执行时间	明确每个步骤和环节的起始时间和持续时间，确保各阶段任务及总目标能按计划完成	完成项目的总时长确定后，应继续分配各里程碑时间
			依据重要度、资源匹配度等因素确定最佳时间
4	绘制里程碑计划	根据前面几个步骤确定项目的关键环节和时间后，选取符合项目特征的模板，绘制"里程碑计划"	确定好每个里程碑节点（关键节点）和时间后，绘制"里程碑计划"的执行线路
			将相应的关键步骤和时间在模板上标识出来

案例：项目节点奖管理规定

企业内部设立任何激励措施都需要同时设立做好相关的管理规定，才能将激励措施实施到位。设立项目节点奖也需要管理规定做辅助。

下面，以地产集团的项目节点奖管理规定（讨论稿）为例，进行详细阐述。

第一，项目奖目的。

为了提升房地产开发项目公司的运营效率，通过科学的激励手段对集团下属各开发项目进行全过程考核和评价，保障各项目公司能够按照计划的时间节点、质量要求、成本控制、利润等指标完成运营任务。并以此为依据，对项目团队，以及集团配合的各管理中心给予科学合理的奖励，充分发挥地产集团总部与项目公司的工作积极性。特制定本办法。

第二，项目奖范围。

本办法适用于集团总部对实施房地产开发项目公司进行的考核和激励，非房地产开发项目公司管理考核不在本办法之列。

集团总部营销及项目公司营销人员计发佣提，不在项目范围之内。

第三，项目奖发放原则。

1.权、责、利对等原则。

2.项目节点奖，为年终绩效工资之外的奖金。

3.此奖金分配为非承诺性收入，在房地产市场发生重大变化或董事会认为出现其他特殊情况时，地产集团总部有权做出奖金分配方案进行调整。

4.项目节点奖依据集团与项目公司的目标要求，视项目开发周期情况分期设定。

第四，节点内容。

项目节点考核按项目开发和销售的过程分阶段进行：项目开工20%、首开及去化率15%、现金流回正25%、销售完成九成20%、集中交付20%五个关键节点（后期可应建新考核需求更改），综合考核项目的计划完成、成本管理、质量安全文明管理。

第五，项目奖金计算公式。

1.项目总结点奖金公式=预期项目销售总额×0.1%~0.2%。

2.项目奖计算公式。

（项目公司占65%）：

某个节点奖金=项目总节点奖金×阶段提取比例×节点完成时间比例×65%

（集团总部占35%）：

某个节点奖金=项目总节点奖金×阶段提取比例×节点完成时间比例×35%

3.阶段提取节点占比。

项目整体按开发计划中分组团或分若干期开发，每期为一个计算单位（后期可应建新考核需求更改节点）（见表6-3）。

表 6-3　阶段提取节点、占比及描述

顺序	节点名称	占比	节点描述
节点一	项目开工	20%	取得该期范围内所有条件：国有土地使用证、建设用地规划许可证、建设工程规划许可证、建设工程施工许可证（满足融资要求），工程正式发出开工令
节点二	首开及去化率	15%	取得该期范围内所有条件：阶段性成果报批结束；售楼处开放、并取得预售许可证，具备开盘条件；首次开盘在40天内去化率90%以上，签约额回款90%

顺序	节点名称	占比	节点描述
节点三	现金流回正	25%	取得该期范围内所有条件：项目销售回款补足累计投资后，净值为正，则视为现金流回正。以财务数据申请（建议开工9个月内）
节点四	销售完成九成	20%	取得该期范围内所有条件：项目整体销售完成90%签约额，且回款比例达到80%为计提节点。以财务数据申请
节点五	集中交付	20%	取得该期范围内所有条件：集中交付完成（交房率达95%）

4.节点奖发放前期，各节点完成时间比例及目标成本（见表6-4）。

表6-4　各节点完成时间比例及目标成本

节点完成时间及目标成本标准	发放比例
对应实施版，完成超前或当日完成节点，且不超一级目标成本	100%
对应实施版，延迟10天及以内，且不超一级目标成本	80%
对应实施版，延迟20天及以内，且不超一级目标成本	60%
对应实施版，延迟30天及以内，且不超一级目标成本	40%
对应实施版，延迟30天以上，或超目标成本	0
前一个节点未按时间完成，后一个节点追上来，视情况可以申请补拿前一个节点项目奖40%，经集团特批后发放	

5.职位分配。

（1）项目公司分配比例：项目公司由项目总报分配比例及金额后，报集团总裁最终审批（见表6-5）。

表6-5　项目公司分配比例

岗位级别	包含人员	占比	分配原则
总经理	项目总经理	30%	集团确定比例
副总级	工程副总、总工、总监	20%	集团确定比例（空缺人员由项目总领取）
经理级及以下人员	除副总级以下人员	50%	由项目总确定比例

（2）集团人员分配比例：集团分配比例及金额报集团总裁最终审批（见表6-6）。

表 6–6 集团人员分配比例

岗位级别	包含人员	占比	分配原则
总裁/副总裁	总裁	20%	总裁确定比例
	副总裁	20%	总裁按贡献分配 N 个副总裁
各中心负责人、总工、副总	中心负责人	30%	总裁按贡献分配 N 个中心负责人
各中心负责人及以下人员	中心负责人以下人员	30%	由中心总监确定比例

6.到岗时间确定。

（1）新到岗人员参加项目奖，以到岗时间与此节点的全周期时间的百分比。

（2）离职人员不参与离职后项目奖发放。

第六，项目节点奖申报。

1.各节点完成后，由项目总经理在5日以内报集团运营管理中心《项目奖发放审批表》。

2.运营管理中心、成本招采中心、人事行政中心、财务管理中心在15个工作日内现场检查确定汇签，报总裁批准后执行。

3.分配过程中注意以下事项：

（1）由两家或多家公司合作项目共同聘用的人员，由项目总经理酌情发放。

（2）集团公司兼职项目公司的职位，只可选择一处获得项目奖金，不再享受另一处奖金。

（3）公司在签证管理上发生3次违规，该公司项目总及工程经理取消项目奖。

（4）严重违规操作完成的项目进度不发放项目奖金。

（5）集团总部各中心工作人员参与项目奖金的获得，在评估项目奖发放时要本着公平、公正、公开的原则。

项目管理的差别激励

苹果公司的成功，营销、技术和创新被更多人瞩目，但公司内部实施的项目管理激励所产生的作用也很重要。苹果灵魂史蒂夫·乔布斯推崇由精选的设计师、程序员和管理人员组成"A级小组"。这是一种精简、高效的研发项目组，被苹果公司放在与市场接触的最前沿，起到精准把握市场、高效设计研发、新产品快速更新的作用。

项目激励的重点在于根据不同组织和项目角色进行差别化激励。项目激励差别化主要体现在：差别薪酬、差别绩效、差别贡献规则。

1.差别薪酬。

薪酬激励差别主要有3种类型：职能型薪酬激励适用于职能薪酬，项目型薪酬激励适用于项目激励，矩阵式薪酬激励则根据项目占工作权重进行对应强度的激励。

差别薪酬主要体现在：薪酬模式、薪酬结构、薪酬比例。

（1）薪酬模式的采用，职能工作使用岗位绩效薪酬，项目工作使用市场业绩薪酬。

（2）薪酬结构和薪酬比例的主要作用是平衡项目与职能间的薪酬关系，按照项目所占工作比例设计项目薪酬占总薪酬比例及薪酬内部结构。

2.差别绩效。

绩效考核差别主要体现在：考核模式、考核指标、考核权重、考核者。绩效根据项目与职能工作的比重进行绩效权重分配。

（1）对于项目经理。根据不同项目考核模式和指标在绩效权重分配上有所不同。如果是周期较长的大型项目公司，应该有财务、运营、客户及内部成长等指导功能，可以考虑使用BSC（平衡记分卡）；如果是周期较短的项目，可将公司战略指标分解到项目使用KPI（关键绩效指标）。

（2）对于项目成员。即便有项目考核模式和指标的差异，也使用KPI即可。

（3）对于项目团队的考核者。可分为兼职和专职两种：兼职人员存在双重考核，专职人员则是不同考核（小型项目由项目经理考核，大型项目因为有二级部门，由直接上级考核）。

3. 差别贡献规则。

项目管理激励涉及项目经理和项目团队两方面。

企业对于项目经理可以适当跟踪，却不能过分干预。项目经理可以通过PK模式选出，因此都是牛人担任，他们有能力主导项目工作。

团队成员的选择可以参见"创客工厂模式"，只让符合结果基因的牛人进来。待项目完成时，企业要兑现奖励，该发的奖励要发到位，该做的处罚也要罚。

设计激励的奖金分配规则比奖金数额更重要。应将一个项目拆分成不同阶段，按照不同阶段的贡献确定奖励。要先将大框架确定下来（如前端占40%，中端占35%，后端占25%）再考虑每端参与者的具体切割比例。先划分阶段再划分角色。

奖励的核心是规则，重点要看每一个参与者的具体贡献。因此，奖励的前提是讨论规则，如果规则不清，怎样奖励都会引发员工不满。其中的难题是项目经理该如何奖励，作为项目团队的领头人，是项目执行的核心，按理说可以约定具体数额作为项目经理的奖励，如约定30%属于项目经理，剩下的70%项目组成员一起分。但这种提前约定会让项目组其他成员感觉不公，毕竟是在项目实施之前的约定，没有根据具体贡献规定。因此，建议项目经理奖励也参与到项目奖励中，根据贡献具体划分。如果根据贡献，项目经理一个人能拿到全部奖励的70%，其他成员也不会有意见。后一种分配规则确定了项目完成的基本基调，想要多拿钱，就得多努力，多做贡献。

案例：Z公司超额目标激励方案

Z公司是一家零售连锁行业的中型企业，年均业绩有小幅增长，年度薪资小幅提升，处于行业中等水平。

Z公司销售队伍是核心，年度业绩目标由总部制定，奖金主要与月度目标完成率挂钩。因为销售部门每年都提出申请调低月度目标，因此连续三年销售业绩全年完成率只达到总部制定的95%。

可见，销售团队的工作积极性并不高，将销售业绩欠佳归其他因素。也就是说，这是一只合格但并不优秀的销售队伍。因为薪资水平并不高，想引进更优秀的人才几乎没有可能，在这种情况下，如何提高销售团队的业绩呢？

为激活销售团队潜力，Z公司将销售团队规划为项目组，并实施"年度超额完成目标奖励方案"。该方案的核心内容如下（见图6-4）。

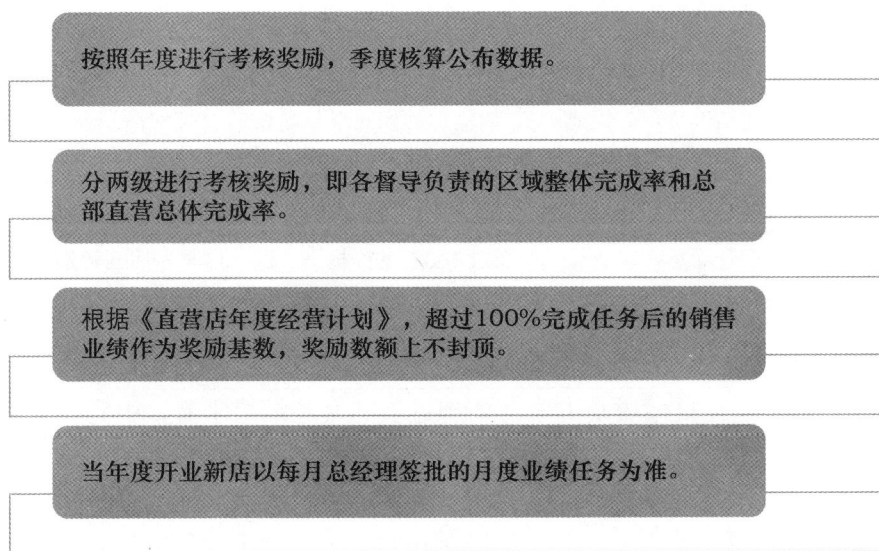

按照年度进行考核奖励，季度核算公布数据。

分两级进行考核奖励，即各督导负责的区域整体完成率和总部直营总体完成率。

根据《直营店年度经营计划》，超过100%完成任务后的销售业绩作为奖励基数，奖励数额上不封顶。

当年度开业新店以每月总经理签批的月度业绩任务为准。

图6-4　Z公司"年度超额完成目标奖励方案"核心内容

137

年度超额完成目标奖励方案实施的第一个季度，效果非常明显，销售业绩和回款同比增长20%左右，创公司自成立以来的最高季度回款记录。那么，Z公司的激励方案是如何制定的呢？

超额部分业绩的总提成点数是16%，也就是将公司销售净利润率的16%拿出来激励员工。各岗位的提成点数设定标准以目标超额完成比例为准。

（1）当目标超额完成比例达到10%：直营负责人和区域督导将有五个月的月均净收入的额外奖励，店长将有两个月左右的月均净收入的额外奖励。

（2）当目标超额完成比例达到20%：直营负责人和区域督导将有十个月的月均净收入的额外奖励，店长将有四个月左右的月均净收入的额外奖励。

（3）按照目标超额完成比例以此类推，上不封顶。

（4）商品部和人力资源部的总提成大概相当于直营部负责人的提成额。

下面，以表格形式介绍直营负责人、店长、商品部、人力资源部等岗位具体激励标准（见表6-7）。

表6-7　各岗位具体激励标准

直营全体	直营部负责人提成1.5%
	人力资源部提成0.5%（负责人占60%，负责对接店铺招聘人员占40%）
	商品部负责人提成1%，商品部其他同事分配0.5%（按照商品专员／主管所负责店铺累积超额业绩占比系数进行分配）
区域全体	督导／主管提成2.5%
	在督导负责区域完成率超过100%的前提下，区域内某一店铺超额完成目标后，超出部分由店铺提取10%的提点
	奖金部分，店长占比40%，另60%由店员按个人总业绩占比系数进行分配

从Z公司超额目标激励方案的实施过程和实施结果来看，很完美地解决了企业经营管理过程中常会遇到的激励目标不易设定、激励时效性不易把控、激励难以全面覆盖的问题。有效地激励了企业员工的工作积极性，形成系统化强力量，推动企业业绩与员工收入双提升。

第七章
开展项目跟投促成内滋激励

在企业发展规模壮大、市场环境变化剧烈的背景下，如何将"总部放权、一线担当、利益共享"的"责权利对等"原则落实到位，已成为企业发展的重中之重，而项目跟投恰恰为企业提供了一条最佳路线。近年来，很多项目制企业，越来越多的试水项目跟投，将其作为迅速扩张生产和销售规模的杀招利器。项目跟投是指员工以自有资金与公司一起投资原本由公司单方面投资的项目，并分享投资收益、承担投资风险。对于新获取的项目，总部关键员工和区域关键员工要强制跟投，非关键员工可采取自愿跟投，在新成立的项目层面占一定的持股比例，同呼吸，共进退。实现对核心人才利益捆绑、风险共担，有效激发员工的积极性。

假设，某地产集团公司年度计划新增10个项目，预计只有5个项目明确能有利润，有的是区域战略性投资存在亏损，有的预计收益持平，有的收益不确定。项目运营中有很多不确定的因素会影响收益，其中项目团队之间的目标达成意向，以及合作密切度占很大的比重。此时可以将新增项目独立出来，采取项目跟投模式，开放一定的股份给项目的相关联的部门负责人及项目经理。让他们主动投入一部分资金，意味着他们就是项目小股东，项目收益决定着他们个人的投资收益，因而会增大实现预期结果的准确性。如果项目经理都不愿意跟投，就说明他本人没有"赚大钱"的成就动机，那就不适合做项目经理。尽量不要用"赠与""借款"的方式进行跟投股权，只有自己真金白银投钱的时候，参与项目跟投的人员才会百折不挠地克服困难完成目标，项目跟投的人员会创造出一个又一个的"奇迹"。

项目跟投管理规定

采用项目跟投的激励模式，需要保障项目顺利实施和激励公正兑现，因此需要企业制定相关的管理规定进行约束，通常包括对组织形式、参投范围、持股比例、出资规定、配股规定、退出机制、收益分配等进行明确约定。

下面，以某集团房地产项目跟投管理规定为例，进行详细阐述。

第一章　宗旨

1. 为了更加充分地激励公司房地产项目运营团队的积极性，提升集团的整体竞争力，促进集团与员工及利益相关方通过共同创业、共同经营、共担风险、共负盈亏的方式共同成长，进一步提升获取项目的质量和项目运营效率，公司参考市场通行做法，制定本办法。

2. 本办法将项目经营效益和跟投员工个人收益直接挂钩，实现收益共享、风险共担。

第二章　组织形式

1. 集团出资设立"投资管理有限公司"作为跟投集团项目的平台公司与跟投的员工投资人共同成立"有限合伙企业"投资集团的项目，一个有限合伙企业投资一个项目。跟投员工通过有限合伙企业按照跟投方案，以有限合伙人身份跟投集团项目。有限合伙企业各方实际承担责任（见表7-1）。

表7-1 有限合伙企业各方实际担责

员工投资人	跟投员工投资人作为有限合伙人参与投资，以其认缴的出资额为限对合伙企业承担责任
普通投资人	由公司全资持有的投资管理公司，或公司指定的人士或机构担任，对合伙企业承担无限连带责任

2.跟投员工投资人通过有限合伙企业进行投资，一个有限合伙企业投资一个跟投项目。

3.集团在做项目跟投决策时，须事先完成项目开发计划制订，预测项目投资开发经营需要项目公司各方股东投入的资金最大值，即项目资金峰值，项目资金峰值作为项目公司的总股本。

4.集团成立"项目跟投管理委员会"，组成人员董事长、总裁、副总裁、集团财务负责人、集团人力资源负责人、集团法务及其他相关人员。"项目跟投管理委员会"对项目跟投的相关事宜进行决策。

第三章 参投范围

1.集团投资开发的房地产项目，包括合资项目，经集团"项目跟投管理委员会"批准后均可跟投。

2.集团财务负责对经批准进行跟投项目的开发计划、相关财务指标，以及项目资金峰值在内部进行公告。

3.跟投人员为集团已转正的正式员工，分为强制跟投和自愿跟投两类。集团副总监、项目副总经理以上人员为强制跟投人员，其他人员为自愿跟投人员。

经集团批准跟投的项目公司副总经理以上人员必须跟投，有两个以上项目的城市公司副总经理以上人员必须至少跟投一个项目。

集团总部副总监以上人员，必须至少选择集团内1个项目跟投。

除强制跟投人员外，集团总部、城市公司，以及项目层级中与项目经营直接相关的正式员工，可自愿参与项目跟投。

具体参考（见表7-2）。

表7-2　各类参投人员范围

类型	机构范围	人员范围
强制跟投类	集团总部	集团副总监级以上人员
	城市公司	城市副总以上人员
	项目公司	项目副总以上人员
自愿跟投类	集团总部	集团副总监级以下人员
	城市公司	城市副总以下人员
	项目公司	项目副总以下人员

第四章　持股比例

1.经集团"项目跟投管理委员会"批准跟投的项目，参与跟投的所有员工所占股份加集团配给的虚拟股份的总额不超过项目总股份的10%。集团与第三方合资开发项目的跟投，参照集团独自投资的项目操作，按照合作各方的股权比例分摊跟投比例。

2.有限合伙企业通过购买项目公司股份完成项目跟投，不参与项目管理、不向项目公司派驻董事及管理人员、不影响项目的对外合作、放弃项目公司股权的优先购买权。

第五章　出资规定

1.员工跟投人跟投标准（建议）（见表7-3）。

表7-3　员工跟投人跟投标准

组织	岗位类别	跟投性质	跟投下限	跟投上限
集团总部	集团副总监以上	强制跟投	20万	200万
	集团副总监以下	自愿跟投	5万	20万
城市公司	城市公司副总以上	强制跟投	20万	200万
	城市公司副总以下	自愿跟投	5万	20万
项目公司	项目公司副总以上	强制跟投	20万	200万
	项目公司副总以下	自愿跟投	5万	20万

2.强制跟投和自愿跟投资金的到位时间点为：最后一笔土地出让金支付之前。

3.员工跟投资金由个人自行解决，跟投人认购的跟投份额超出公司限定的额度时，除强制跟投人员所认份额外，原则上以个人缴款先后顺序确定跟投人资格。

4.强制跟投人员经"项目跟投管理委员会"批准暂不参与跟投者除外。其他拒不参加跟投的，建议做免职处理。

5.对于自愿跟投人员，如在规定期限内资金不能到位，视为自动放弃跟投机会。

第六章　配股规定

集团强制跟投和自愿跟投人员的配股比例（见表7-4）。

表7-4　强制跟投和自愿跟投配股比例

组织	岗位类别	跟投性质	配股比例
集团总部	集团总裁 / 主持工作常务副总裁	强制跟投	1∶4
	集团副总裁	强制跟投	1∶2
	集团副总监以上	强制跟投	1∶1.5
	集团副总监以下	自愿跟投	1∶1
城市公司	城市公司总经理	强制跟投	1∶4
	城市公司副总经理	强制跟投	1∶3
	城市公司副总经理以下	自愿跟投	1∶1
项目公司	项目公司总经理	强制跟投	1∶4
	项目公司副总经理	强制跟投	1∶3
	项目公司副总经理以下	自愿跟投	1∶1

第七章　退出机制

1.项目公司累计净现金流量为正数时，且不影响后续的开发经营，启动有限合伙企业跟投本金退出。

2."项目跟投管理委员会"有权决定推迟跟投本金退出启动点，但推迟时间最多不超过六个月。

3.员工在项目跟投过程中不得转让与提前退出。

4.跟投员工跟投行为不因员工离职、解聘、退休等因素而受到影响，员工离职后跟投继续有效。

5.调动人员可参与到岗后的新项目跟投，已发生的跟投行为不受调动影响。

第八章 收益分配

1.项目销售达到集团规定的清盘（住宅98%，地库50%，商铺80%）条件时，启动跟投收益分配。

2.达到项目清盘条件时，聘请第三方机构对项目开发收益进行评估。评估确认的净利润为项目跟投收益分配的依据。

3.对项目公司开发收益进行评估时，其中未售物业的评估计算方法约定如下：

（1）已经开始销售住宅的未售出部分，以达到清盘节点时同类型物业的销售平均价格作为评估依据，乘以95%的折算率得出评估价格。

（2）已经开始销售地库的未售出部分，以达到清盘节点时同类型物业的销售平均价格作为评估依据，乘以80%的折算率得出评估价格。

（3）已经开始销售商铺的未售出部分，以达到清盘节点时同类型物业的销售平均价格作为评估依据，乘以100%的折算率得出评估价格。

第九章 其他

1.如出现政策等不可预知的风险，导致跟投项目的开发计划和开发收益无法达成，除"项目跟投管理委员会"另有决策外，项目跟投继续执行。

2.经批准的跟投项目中如发现符合跟投条件的跟投人员有较为严重的违规行为的，经"项目跟投管理委员会"批准，可以要求违规人员退出项目跟投，公司退还其个人跟投出资金额，并保留对违规人员追究相关法律和经济赔偿责任的权利。

3.本制度的解释和修改权归"项目跟投管理委员会"。

出资管理与收益分配

项目跟投的核心是出资与收益，出资和收益都涉及跟投人的范围，企业必须保证跟投人的利益，促使企业各级跟投人达成共同经营、共担风险、共负盈亏的经营目的。

下面，以某地产公司开发类项目跟投制度中的出资管理与收益分配为例，进行详细阐述，并附带项目资金分配管理和退出机制。

1.投资架构及出资管理。

（1）每个项目设置一个虚拟股权架构。

（2）跟投人的投资份额为单个项目的虚拟股权，跟投人具有优先享受项目收益分配权，但没有项目决策表决权。

（3）单个项目的股权总份额和跟投人投资总份额（见表7-5）。

表7-5　股权总份额与投资总份额

股权总份额	以"项目启动会"确认的项目资金峰值为准
投资总份额	所有跟投人投资总额原则上不超过该项目股权总份额的 5%~10%

（4）跟投人投资资金由投资人自行筹集，跟投人投资份额之外的项目股权份额由集团出资（见表7-6）。

表7-6　跟投资金规定

强制跟投人员	集团各部门（营销、工程、成本、设计、财务等）分管领导、项目一线公司总经理、项目负责人等，认购金额不得低于 50 万（含）
	其他强制跟投人员认购金额不得低于 25 万（含）
自愿跟投人员	认购金额不得低于 10 万（含）

（5）自愿跟投人员如在规定期限内资金不能到位；视自动放弃投资机会。

（6）跟投资金缴纳时间为项目启动后30日内。

2. 项目收益分配模式。

当项目结算时，可分为3种状况（见表7-7）。

表7-7　项目年化收益率

项目年化收益率≤0	集团高管以下员工执行保本原则，由集团确保对跟投人所投入资金支付本金
	集团高管执行不保本原则，跟投人年化收益率按项目年化收益率执行
项目年化收益率>0%≤8%	所有跟投人年化收益率均按项目年化收益率执行
项目年化收益率>8%	除跟投人按股权比例所应获的收益外，集团对超出8%的超额收益部分给予额外激励

对集团高管和高管以下员工的跟投人收益分别按以下公式执行：

跟投人收益率=项目年化收益率+（项目年化收益率-8%）×1

项目年化收益率=项目净利润/项目资金峰值/投入本金回收周期

投入本金回收周期：跟投资金缴纳截止日至投入本金全部回收日的时间（折算为年）。

（1）集团高管以下员工收益（见表7-8）。

表7-8　集团高管以下员工收益率

项目年化收益率（静态）	1%	2%	3%	8%	9%	10%	11%	12%
跟投人年化收益率（静态）	—	—	—	—	—	—	—	—

（2）集团高管收益（见表7-9）。

表7-9　集团高管收益率

项目年化收益率（静态）	1%	2%	3%	8%	11%	14%	17%	20%
跟投人年化收益率（静态）	—	—	—	—	—	—	—	—

3.项目资金分配、管理及结算。

（1）分配（见图7-1）。

项目累计净现金流为正（保证项目正常运行）

经集团总裁办公会同意

集团及跟投人即日起即可按股权开始收回本金

本金回收工作完成时间必须在项目累计净现金流为正之日起90日内完成

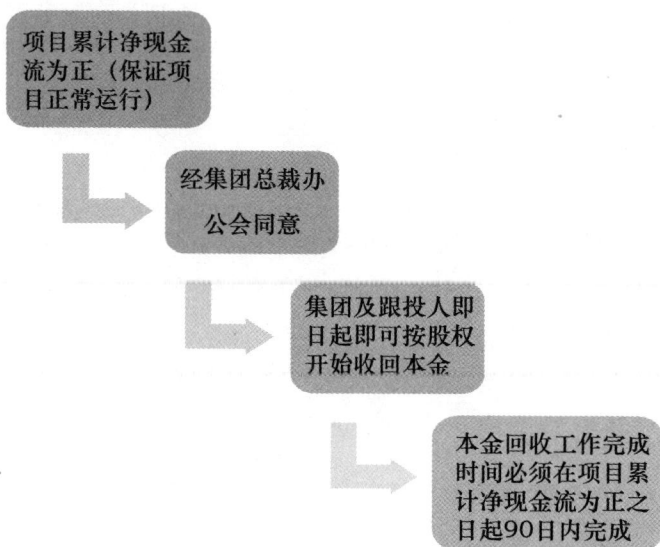

图 7-1　项目累计净现金流分配流程

（2）管理。分为已销售物业和未销售物业两种情况：①项目签约销售面积达可售物业面积的80%时（若有自持物业，则扣减自持物业后）即可进行跟投结算；②未售部分以项目最后一期的销售价格为基础，核算整体项目开发完毕后项目的各项经营指标。

（3）结算。项目跟投结算周期一般不超过3年；对于周期超过3年的项目，在实行跟投方案之前即行约定实施期限，一般按不超过3年来分期分阶段实施。

4.退出机制。

如果在项目跟投期间，出现新引入、离开、调岗3种情况，可以按照以下方式处理（见表7-10）。

表 7-10　项目跟投退出机制

	具体退出状况	退出机制
新引入	如项目需引入新的投资方或对外转让股权（新投资方须无条件接受项目已执行的跟投方案）	由集团对跟投人股份回购后再进行转让，回购利率可在跟投方案执行前事先约定
离开	跟投员工在跟投期间发生离职、解聘、退休等情况	不受上述情况影响，员工离职后跟随投资协议之相关法律文件继续有效，员工继续承担跟随投资的全部收益或风险
调岗	跟投员工在跟投期间发生调岗情况	调动人员可参投到岗后的新项目投资，已发生投资行为不受调动影响

项目跟投合伙协议

实施项目跟投激励模式，必须签订项目跟投合伙协议，约定好跟投各方的权力、责任和利益。下面，以某集团房地产项目跟投合伙协议为例，进行详细阐述。

第一章　总则

第一条　根据《中华人民共和国合伙企业法》（以下简称《合伙企业法》）及有关法律、行政法规、规章的规定，经协商一致订立本协议。

第二条　本合伙企业为有限合伙企业，是根据协议自愿组成的共同经营体。

第三条　全体合伙人愿意遵守国家有关的法律、法规，依法纳税，守法经营。

第四条　本协议经全体合伙人签名、盖章后生效。合伙人按照合伙协议享有权利，履行义务。

第二章　企业名称和经营场所

第五条　合伙企业名称：＿＿＿＿＿＿＿＿＿＿＿＿＿＿＿

第六条　合伙企业经营场所：＿＿＿＿＿＿＿＿＿＿＿＿＿＿＿＿＿

第三章　合伙目的、经营范围及期限

第七条　合伙目的：合伙人均为某集团的正式员工，企业成立后对某集团开发的房地产项目进行投资；保护全体合伙人的合伙利益，实现合伙人的投资价值最大化。

第八条　合伙经营范围：＿＿＿＿＿＿＿＿＿＿＿＿＿＿＿＿＿

第九条　合伙期限为_____年，自合伙企业营业执照签发之日起算。经营期限届满后，经半数（不含本数）以上合伙人同意可延长经营期限。经营期限届满后清算，清算后根据需要再组合投资，具体由集团"项目跟投制度管理委员会"决定。

第四章　合伙人姓名（名称）、住所

第十条　合伙人共_____个（见表7-11）。

表 7-11　合伙人详细登记（以 5 名合伙人为例）

项目跟投合伙人登记注册

1. 普通合伙人：_____

住所（址）：_____

证件名称：_____

证件号码：_____

2. 有限合伙人：_____

住所（址）：_____

证件名称：_____

证件号码：_____

3. 有限合伙人：_____

住所（址）：_____

证件名称：_____

证件号码：_____

......

第五章　合伙人出资方式、数额和缴付期限

第十一条　合伙人的出资方式为现金，数额和缴付期限（见表7-12和表7-13）。

表 7-12　合伙人出资方式、数额和缴付期限（普通合伙人）

单位：万元

姓名 / 名称	认缴出资	实缴出资	出资方式（货币）	缴付期限

表 7-13　合伙人出资方式、数额和缴付期限（有限合伙人）

单位：万元

姓名 / 名称	认缴出资	实缴出资	出资方式（货币）	缴付期限

第六章　合伙事务执行

第十二条　合伙企业由普通合伙人执行合伙事务。

执行事务合伙人应具备以下条件：具备投资或相关业务管理经验，能够承担合伙企业的投资管理责任。

执行事务合伙人按以下程序选择产生：全体合伙人决议。

经全体合伙人决定，本企业由普通合伙人＿＿＿＿＿＿＿＿＿＿投资管理有限公司执行合伙事务。投资管理有限公司委派＿＿＿＿＿＿＿＿＿代表其执行合伙事务。执行合伙事务的合伙人对外代表企业。其他合伙人不再执行合伙事务。

第十三条　不执行合伙事务的合伙人有监督执行事务合伙人执行合伙事务的权利。执行事务合伙人应当定期向其他合伙人报告事务执行情况及合伙企业的经营和财务状况，其执行合伙事务所产生的收益归合伙企业，所产生的费用和亏损由合伙企业承担。

第十四条　除本协议明确约定需由全体合伙人一致同意的事项外，其他合伙事务均由执行合伙人决定。执行合伙人在执行合伙事务时损害合伙企业和合伙人权利的，应承担赔偿责任。

第十五条 合伙企业的下列事项应当经全体合伙人一致同意：

1.处分合伙企业的不动产；

2.转让或者处分合伙企业的知识产权和其他财产权利；

3.修改合伙协议；

4.合伙企业的解散和清算；

5.合伙期限届满后续期；

6.普通合伙人和有限合伙人之间的转换。

第十六条 普通合伙人不得自营或者同他人合作经营与合伙企业相竞争的业务；有限合伙人可以自营或者同他人合作经营与合伙企业相竞争的业务。

第十七条 有限合伙人不执行合伙事务，不得对外代表有限合伙企业，有《合伙企业法》第六十八条规定的行为，不视为执行合伙事务。

第十八条 鉴于合伙企业的合伙人均为某集团的员工，且合伙企业成立的目的为投资某集团开发的房地产项目，故全体合伙人一致承诺：共同遵守《某集团房地产项目跟投管理制度》，以及某集团后续颁布的实施项目跟投所有制度、文件的规定和要求，如出现不能解决的纠纷，一致同意由某集团"项目跟投制度管理委员会"决定。

第七章 利润分配及亏损分担方式

第十九条 合伙企业的利润，按各合伙人的实际出资比例分配。

第二十条 合伙企业的亏损，由各合伙人按实际出资比例分担。

普通合伙人对合伙企业债务承担无限连带责任，有限合伙人以其让缴的出资额为限对合伙企业债务承担责任。

第二十一条　执行事务合伙人_____投资管理有限公司的经营费用由合伙企业承担。

第八章　禁止行为

第二十二条　合伙人不得以合伙企业名义为合伙人及他人提供担保，除非经其他合伙人一致同意。

第二十三条　合伙人不得以其在合伙企业中的财产出质。

第二十四条　合伙人不得从事损害本合伙企业利益的活动。

第九章　份额变动

第二十五条　份额转让

1.合伙人持有的财产份额不得转让给合伙人以外的第三方。

2.合伙人内部转让财产份额的，需经"项目跟投制度管理委员会"同意。

第二十六条　入伙

1.入伙条件：入伙人应为某集团的正式员工，并经某集团"项目跟投制度管理委员会"同意。

2.入伙人签署书面入伙协议后成为合伙企业的合伙人。

第二十七条　退伙

1.合伙人在和某集团任一公司的劳动关系存续期间，不能退伙；因特殊原因要求退伙的，需经某集团"项目跟投制度管理委员会"同意。

2.合伙人和某集团任一公司的劳动关系终止，则必须退伙。

3.合伙人退伙的财产折算方式按《某集团房地产项目跟投管理制度》的相关规定执行。

4.合伙人因疾病或意外身故的，其财产份额按《某集团房地产项目跟投管理制度》的相关规定折算，退回给其财产继承人。

退伙事由实际发生之日为退伙生效日。

第二十八条 除名

合伙人有下列情形之一的，执行事务合伙人可以决议将其除名：

1.未履行出资义务；

2.因故意或重大过失给合伙企业造成损失；

3.违反《某集团房地产项目跟投管理制度》的相关规定。

对合伙人的除名决议应当书面通知被除名人。被除名人接到除名通知之日起，除名生效，被除名人退伙。

第二十九条 合伙人入伙和退伙后对合伙企业的责任承担按《合伙企业法》规定的执行。

第十章 争议解决

第三十条 因履行本合伙协议引起的或与本协议有关的任何争议，各方应通过友好协商解决。如果争议无法达成一致的，全体合伙人同意由某集团"项目跟投制度管理委员会"行使最终裁决权。

第十一章 解散与清算

第三十一条 合伙企业有下列情形之一的，应当解散：

1.某集团房地产项目跟投方案废止；

2.某集团"项目跟投制度管理委员会"决定解散合伙企业。

第三十二条 合伙企业清算应当按《合伙企业法》的规定进行。

清算期间，合伙企业存续，不得开展与清算无关的经营活动。

合伙企业财务在支付清算费用和职工工资、社会保险费用、法定补偿金及缴纳所欠税款、清偿债务后的剩余财产，按照合伙人的实际出资比例进行分配。

第三十三条 清算结束后，清算人应当编制清算报告，经全体合伙人签名、盖章后，在十五日内向企业登记机关报送清算报告，申请办理合伙企业注销登记。

第十二章　违约责任

第三十四条　合伙人违反合伙协议的，应当依法承担违约责任。

第十三章　免责条款

第三十五条　由于不可抗力事件，如天灾、战争、暴乱、罢工或其他协议各方所无法控制的事件而造成协议无法执行，或协议下的义务无法履行的，不视为违反本协议。

第十四章　其他事项

第三十六条　经全体合伙人协商一致，可以修改或者补充本合伙协议。合伙协议中涉及登记事项的变更及其他重要条款变动，应当符合《合伙企业法》及本合伙协议的规定。

第三十七条　本协议中的"某集团"系某集团有限公司及其在中华人民共和国境内外设立的全部附属子公司的全称。

第三十八条　本协议一式_____份，合伙人各持一份，并报合伙企业登记机关一份，剩余备作_____份。

协议最后是全体合伙人签名盖章页及日期。

接下来，将针对本协议的第十条和第十一条给出具体说明，在项目跟投中也需以表格形式正式呈现。

项目跟投其他协议拟定

　　项目跟投不仅需要制定相关的激励政策、项目跟投管理规定和项目跟投合伙协议，还需要拟定项目跟投的相关其他类协议，以保障项目跟投能够顺利完成。最重要的协议有两个：项目跟投代持协议、项目跟投制度参与员工出资情况协议。

　　下面，以某集团项目跟投代持协议和某集团项目跟投制度参与员工出资情况协议为例，进行详细阐述。

1. 项目跟投代持协议（见表7-14）。

表7-14　某集团项目跟投代持协议

代持协议

甲方：_____
身份证号：_____
联系电话：_____
通信地址：_____
乙方：_____
身份证号：_____
联系电话：_____
通信地址：_____

　　就乙方代甲方持有其出资的份额（或股份）的有关事宜，甲乙双方经公平友好协商达成一致，订立本协议，供双方遵照履行。

　　一、甲方为某集团的员工，参加某集团的项目跟投制度，出资参与（企业或公司）。甲方因_____，不能直接持有该企业（或公司）的份额（或股份），故委托乙方代为持有。

　　二、甲乙双方一致确认并承诺：以乙方名义持有的该企业（或公司）的份额（或股份）均为甲方实际出资，须缴交的所有资金和后续投入均由甲方承担，甲方实享有该份额（或股份）的权利并承担相应的义务、责任；乙方仅为代持，对该份额（或股份）不享有任何权利，同时也不承担任何义务。

　　三、由于甲方出资参与该企业（或公司）须遵守《某集团房地产项目跟投管理制度》及所有配套制度、文件的规定，故乙方承诺遵守前述所有规定。

续表

四、本协议经甲乙双方签字盖章生效。

甲方：_____乙方：_____

_____年____月____日　　_____年____月____日

2.项目跟投制度参与员工出资情况协议（见表7-15）。

表 7-15　某集团项目跟投制度参与员工出资情况

项目跟投制度参与员工出资情况

某集团_____（中心/公司/区域/项目）指定_____[身份证号码：_____]代持本（中心/公司/区域/项目）参与某集团项目跟投制度的员工的出资，出资代持人及所有参与员工均一致承诺：共同遵守《某集团房地产项目跟投管理制度》，以及某集团后续颁布的实施项目跟投所有制度、文件的规定和要求，出资代持人按前述规定和要求代为持有参与员工的相应出资，参与员工按前述规定和要求履行出资、承担风险等义务，享有收益等权利；如出现不能解决的纠纷，一致同意由"某集团项目跟投制度管理委员会"实施最终裁决权。

某集团参与项目跟投制度员工出资情况详见附表。

代持出资人，签名：_____

日期：_____年____月____日

下面介绍"参与项目跟投制度员工出资情况汇总表"（见表7-16）。

表 7-16　某集团参与项目跟投制度员工出资情况汇总表

编号	员工姓名	身份证号码	出资金额（人民币）	出资日期	员工签名
1					
2					
3					
4					
5					
…					

第八章
围绕整体效益实施股权激励

股权激励是将企业股份作为奖励员工的工具，是一种先进的激励方式。可以弥补传统激励手段的不足和与时代的不接轨，能够将被激励对象与企业紧密联系在一起，通过经营者获得公司股权，让企业经营者得到一定经济权利，使他们能够以股东的身份参与企业决策、分享利润、承担风险，从而更加勤勉尽责地为公司的长期发展提供服务。股权激励对于改善公司组织架构、降低公司管理成本、提升公司管理的效率、增强公司凝聚力和核心竞争力都起到积极的作用。股权激励包括：股票期权、员工持股计划和管理层分红等多种形式。

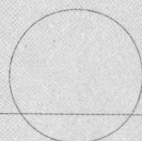

股权激励的作用

股权激励对于降低企业管理成本、促进企业机制变革、满足企业经营需要、提升企业品牌影响等方面有着重要的作用，进而实现完善公司法人治理结构、增强企业凝聚力、提升企业市场影响力、提高企业经营管理水平等目的。

1.降低企业人力成本。

当今世界的竞争说到底是人才的竞争，各公司都把人力资源当成最宝贵的财富，随着我国经济的快速增长，我国的技术人才需求缺口正越来越大，企业面临的人才找不到、招不来、留不住"三难"问题。人才的现状"不仅贵，而且缺"，有远见的企业不仅要在经营上下功夫，还要打"人才战"，留住和吸纳有分量的人才就要付出够量的代价。但一味提高薪金报酬，会导致人力成本的提高。技术人才很容易被更高薪的企业"挖墙角"。

想给核心人才提高待遇就只能是涨薪资和高福利吗？其实，这种依靠工资+福利留住人才的方式只能起到短期激励作用，还会因此引发出其他矛盾。更好的方法是实施股权激励，有条件的给予激励对象部分股东权益，使得激励对象与企业结成利益共同体。激励对象有了归属感，才能主动自觉地努力工作，为企业创造更大的价值。

2.满足企业经营需要。

如今越来越多的企业从自己经营渠道到借助其他渠道，股权激励就是资本，利用股权整合企业上下游，与各级供应商、代理商形成捆绑关系。著名的时尚品牌百丽借助股权激励整合所需资源，满足企业经营需要。

百丽的核心价值是品牌，没有自己的工厂，没有销售渠道，甚至没有研发能力，但通过推出的一系列支持、返利和配股政策，形成了固定的上、下游产业链。股东们除了享受高额的利润之外，还会享受到股票增值的分红收益，以及企业估值增加的未来收益。

3.提升企业品牌影响。

在股权时代，企业拼的是看得见的利润和看不见的估值。在企业估值中，以利润为代表的有形资产只占一小部分，更多的是无形资产。一些企业的品牌价值就是其最大的无形资产，如香奈儿、索尼、轩尼诗、奥迪、宜家等。

打造企业品牌价值，需要人才加持，苹果公司失去了乔布斯迅速走向衰落，乔布斯回归后又很快崛起。良好的品牌文化都能够为人才提供一种奋发向上的心理环境，优秀的人才则能丰富和提升品牌文化的内涵。在二者的关系中，品牌文化是人才智慧的光华，人才是品牌文化的源泉。想要人才安心留下，提供长期保障是必须的，股份就是最好的保障，将人才的未来与企业的未来绑定，让人才与企业共同发展。

股权激励概念梳理

在了解各种股权激励工具之前，先来了解股份、股票、股权的差别。

（1）股份是股份公司均分其资本的基本计量单位，是股东在公司资本中所占的投资份额。可概括为4点：①股份是股份公司一定量的资本额的代表；②股份是股东的出资份额及股东权的体现；③股份是计算股份公司资本的最小单位；④股份是构成公司资本的最小的均等的计量单位。

（2）股票是股份制企业（上市或非上市）股东拥有公司资产和权益的凭证。上市的股票称为"流通股"，非上市的股票不能自由买卖。股票是股份公司在筹集资金时向出资人发行的股份凭证，是股份公司为筹集资金而发行给股东作为持股凭证并借以取得股息和红利的一种有价证券。

（3）股权是有限责任公司或者股份有限公司的股东对公司享有的人身和财产权益的一种综合性权利，即股权是股东基于其股东资格而享有的，从公司获得经济利益，并参与公司经营管理的权利。股权是股东在公司中的投资份额——股权比例，其大小直接影响股东对公司的话语权和控制权，也是股东分红比例的依据。

实施股权激励后，股权激励的对象会得到哪些权力呢？（见图8-1）图中的各项权力并非成为股权拥有者就可以全部享有，而是要根据股权激励的具体情况确定激励对象可享有的具体权利或部分享有权力。

图 8-1　股权激励中激励对象可享有的权利

表决权	选举权	所有权	优先权	收益权	知情权	转让权	质询权
股东按其持有的股份对公司事务进行表决的权力。通过赞成、反对、弃权行使权力，股东表决权的大小取决于其所持有的股份额。	选举权是公司股东固定选举董事、监事等公司管理者的权利，是最基本的，也是最实质的管理公司的权利。	股东基于自身股东资格而享有的从公司获取经济利益并参与公司管理的权利。	公司发行新股或可转换债券时，老股东可以按原先持有的股份数量的一定比例优先于他人进行认购的权利。	股东获得财产收益的方式有：公司分配股利、转让所持有的公司股票以获得差价收益、参与公司解散清算后的剩余财产分配。	公司股东了解公司信息的权利。由三项子权利组成：财务会计报告查阅权、账簿查阅权、检查人选任请求权。	公司股东依法将自己的股东权益有偿转让给他人，使他人取得股权的民事法律行为。前提是不存在禁售限制。	公司股东有权就公司的经营情况向公司经营者提出质询。公司经营者也有义务针对股东对公司的质询予以答复，并说明情况。

其中，股东所有权包括至少10项子权利：①发给股票或其他股权证明请求权；②股份转让权；③股息红利分配请求权；④优先认购新股权；⑤股东会临时召集请求权或自行召集权；⑥出席股东会并行使表决权；⑦公司章程和股东大会记录查阅权；⑧对公司财务的监督检查权；⑨对公司经营的建议与质询权；⑩公司剩余财产分配权。

实施股权激励，股权就会发生变化。必须时刻关注这些变化，掌握十一条对企业最为重要的"生命线"，股权激励才会更好地实施，获得最佳效果（见图8-2）。

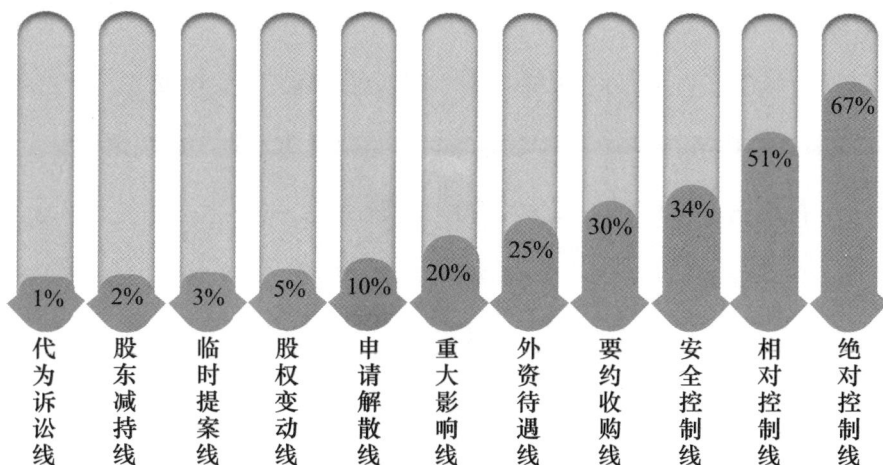

图 8-2 股权的十一条"生命线"

1.激励效果。

股权激励方案的设计，必须建立在充分考量和保证激励效果的基础上。激励效果是指实施的股权激励计划对公司业绩和个人收益所产生的作用。

激励效果的考虑因素可以通过下面公式体现：

激励效果＝期望值 × 达成概率。

其中：

期望值：必须达到一定的临界值，成为激励对象薪酬结构中重要一级。

达成概率：激励对象通过努力，能获得激励的概率。

2.行权定义。

激励方案的设定必须以能够充分、合理的行权作为前提。行权，顾名思义就是行使权力，股市行权是指权证持有人要求发行人按照约定时间、价格和方式履行权证约定的义务，也就是指激励对象在规定期间内以预先确定的定价方式和条件购买公司股票的行为。

行权的基本定义如下：

（1）可行权日：激励对象可以选择行权的日期，但在重大公告之前或之后不得行权。

（2）行权价格：激励对象购买公司股票的价格。前一个交易日和前30个交易日孰高原则。虚拟股票以上年末每股净资产或上年平均净资产核算。

（3）行权条件：权利人行使权利的前提条件，一般包括财务条件和非财务条件。公司层面包括：净资产收益率、净利润增长率、销售利润率、每股盈余、股票价格等；安全事故、质量事故、违法违纪、违反制度。个人层面包括：KPI、特定目标完成情况、非财务指标。

3.分红权、增值权、兑现和回购。

（1）分红权：股票持有人依据股票数量享有税后利润分享的权利。需考虑企业经营成果、法律规定、分红机制、企业战略等。

（2）增值权：股票持有人享有股票价格增值的权利。需考虑利润增加、价格波动、资产增值等。

（3）兑现：指股票持有者根据规定将股票变现的行为，需遵从法律法规交易规定。

（4）回购：公司按照规定价格将股票赎回的行为，通过内部市场或企业回购实现股票价值。

实施股权激励的"7定要点"

中国对股权激励的认识仍然停留在起步阶段，国家对上市公司的股权激励有严格的法律规定，在实施过程，以及制定股权激励计划时一定要注意遵守，否则好事就会变成坏事。必须要明白股权激励的7大要点，定人、定量、定时、定价、定条件、定来源、定退出，可以概括为"7定要点"。设计科学的股权激励方案，一定要在兼顾了上述要点的同时，设计出一套适合企业自身发展的股权激励方案。

1.定人。

定人就是公司激励计划的实施主体，是依据公司激励计划进入激励范围的收益人员。考虑因素有以下几点：

（1）激励层次和范围：全体员工、中高层管理人员、高层管理者。

（2）激励对象选择依据：职位高低、岗位价值、历史贡献、战略、文化认同。

（3）激励对象分类：企业创始人、加盟合伙人、高级管理人等。

（4）未来发展价值确定：与企业价值观高度相符的人、对企业未来发展至关重要的人、对企业发展做出过重大贡献的人。

（5）岗位价值确定：如依据"员工能力档案""员工工作档案"、人岗匹配程度等计分累积计算。

2.定量。

定量用于激励股票数量或其所占公司总股本的比例，确定激励数量可分为：①确定股权激励方案中用于激励股份的总量；②确定股权激励方案中给予个人激励的个量。

（1）股权激励总量的确定需要考虑4项因素（见图8-3）。

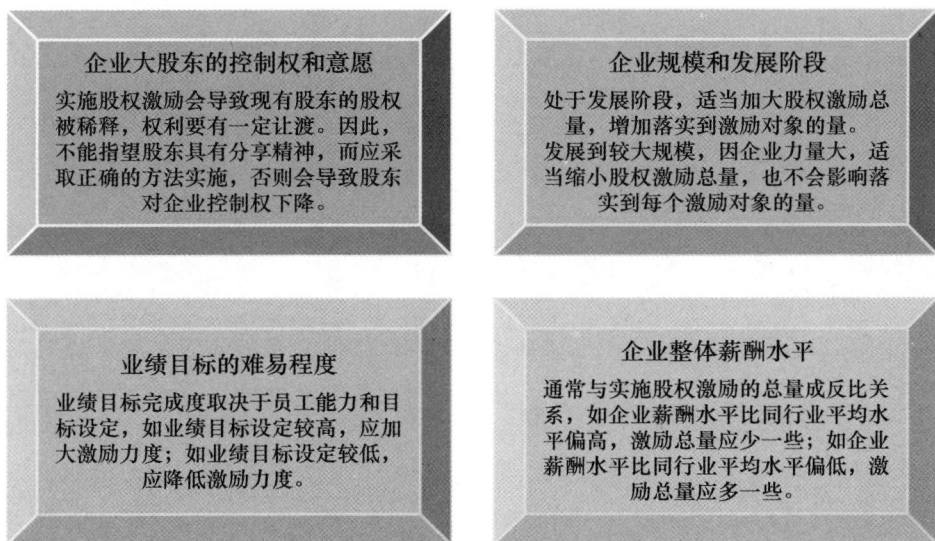

企业大股东的控制权和意愿
实施股权激励会导致现有股东的股权被稀释，权利要有一定让渡。因此，不能指望股东具有分享精神，而应采取正确的方法实施，否则会导致股东对企业控制权下降。

企业规模和发展阶段
处于发展阶段，适当加大股权激励总量，增加落实到激励对象的量。发展到较大规模，因企业力量大，适当缩小股权激励总量，也不会影响落实到每个激励对象的量。

业绩目标的难易程度
业绩目标完成度取决于员工能力和目标设定，如业绩目标设定较高，应加大激励力度；如业绩目标设定较低，应降低激励力度。

企业整体薪酬水平
通常与实施股权激励的总量成反比关系，如企业薪酬水平比同行业平均水平偏高，激励总量应少一些；如企业薪酬水平比同行业平均水平偏低，激励总量应多一些。

图 8-3 股权激励总量需考虑的因素

（2）激励人数和激励对象的期望值，分为4种情况：①激励对象较多，但对激励期望值不高，激励总量付出控制在正常水平之下一点；②激励对象较多，且对激励期望值较高时，激励总量付出应大幅提高，但需控制封顶上限；③激励对象较少，但对激励期望值较高时，激励总量付出应相对提高，但应有必要控制；④激励对象较少，且对激励期望值不高时，激励总量付出接近最低点即可，但应保持在底线之上。

（3）股权激励个量的确定需要从3个方面考量（见表8-1）。

表 8-1 股权激励个量确定

考量方面	解释	备注
岗位因素	对岗位在企业中的影响范围、职责大小、工作难度和强度、任职条件进行综合评价，以确定各种岗位的价值	推荐"岗位分类法""海氏岗位价值评估法""IPE岗位价值评估法"等

续表

考量方面	解释	备注
个人因素	对企业人员的价值评估应参考价值观认同度、历史绩效、工作能力、责任心、工龄等维度	有3个步骤：①选定对企业最重要的评估因素；②对各因素赋予相对应的权重；③通过数据录入和处理计算出个体的加权得分
绩效因素	决定了激励对象获得的股权最终可行权的数量	绩效指标由企业级指标达成率（营业收入、净利润、净资产收益率等）、部门级指标达成率、个人级指标达成率3项组成

3.定时。

实施股权激励计划需确定的时间不只是股权授予时间，而是整个激励过程中各个环节的时间设定（见图8-4）。

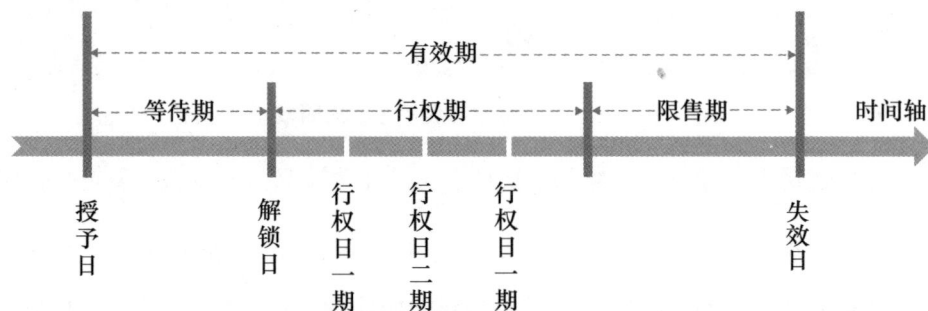

图8-4　股权激励时间轴

（1）有效期：从激励对象开始获得股票或期权之日起，到结束股票或期权锁定的日期。根据内外部环境变化而定，不超过10年，一般为3~5年。

（2）授予日：也称"起始日"，即企业授予激励对象股权行为的实际发生日期。

（3）解锁日：也称"结束日"，激励对象在规定的时间内通过企业考核后，就可以解锁股权，行使自己的权利。

（4）等待期：也称"锁定期"，授权日到可行权日之间的时间段。一般为一年，需考虑业绩考核和持续约束。

（5）行权期：也称"解锁期"，等待期结束后，激励对象按事先约定一次性或逐步行权。可行权的第一天称为"可行权日"，从可行权日至行权期结束之日这段时间就是行权期。

（6）窗口期：根据约定，符合行权条件的交易日。为方便管理需集中交易。

（7）禁售期：该时间段内获得的股票不能出售转让。

（8）限售期：该时间段内获得的股票出售或转让有比例限制或其他条件限制，不具有完全处置权。

（9）失效日：在股权激励合同中必须明确规划有效期，股权激励必须也只能在有效期内执行，超过该期限，激励计划自动作废。

4.定价。

在股权激励方案中必须确定授予激励对象股票的每股价格。首先，确定企业价值；其次，确定每股价格；最后，确定购买方式。在定价过程中需要遵守3个原则：

（1）影响股价的关键因素：每股价格＝企业估值÷总成本。

（2）确保"同股同价"：同一批授予或发行的股票价格必须保持一致。

（3）大前提：在企业不亏损的情况下，后期用于激励的股票比之前激励的股票价格高。

5.定条件。

股权激励必须参考企业的业绩条件和激励对象的考核条件。其中，企业的业绩条件是根本，如果企业的业绩条件未达标，则所有激励对象不得行权或解锁获益。如果企业业绩已达标，则所有激励对象满足了行权或解锁的条件之一者，再根据个人业绩确定是否满足考核要求。

（1）企业经营目标：以超越行业平均净利润指标为基本条件，以财务数据高于行业平均水平为衡量指标。

（2）企业战略目标达成状况：包括经济目标和非经济目标、定性目标和定量目标。

（3）个人考核授予条件：授予激励对象股份时，激励对象必须满足职务、工龄、绩效、态度、价值观等一系列评价标准，必须得到股东会或董事会批准。

（4）个人考核行权条件：激励对象对被授予股份行权时，必须满足的条件通常与业绩有关，如企业业绩、企业利润、企业增长率、激励对象行权期内绩效考核结果等。

6.定来源。

确定用于股权激励的股份来源和资金来源，分为股份来源和资金来源。

（1）股份来源。非上市企业只需现有股东同意，有偿出让或无偿出让一部分企业股票即可。已上市企业不仅需要股东大会审批，还需要中国证监会审核，来源主要有4种形式（见图8-5）。

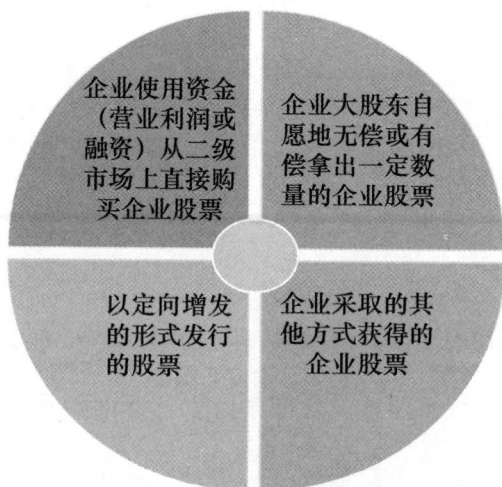

企业使用资金（营业利润或融资）从二级市场上直接购买企业股票

企业大股东自愿地无偿或有偿拿出一定数量的企业股票

以定向增发的形式发行的股票

企业采取的其他方式获得的企业股票

图 8-5 上市企业股份来源

（2）资金来源。非上市企业因为股权激励股票是股东让出，因此不存在资金来源的问题。上市企业用于股权激励的资金必须注明来源，通常有4种（见表8-2）。

表 8-2　上市企业激励资金来源

来源	解释
激励对象薪酬	用激励对象的部分工资和奖金购买企业股票
激励对象直接出资	激励对象以自有资金购买企业股票，公司将股票或期权以优惠价格卖给激励对象
分红抵扣	①公司的部分分红资金；②拥有公司股票期权的激励对象拿到的分红资金，以公司的名义回购二级市场上的企业股票
企业资助	公司或激励对象用其他企业资助的资金购买跟公司激励股票或期权（出现较少）

注："中国证监会"对股权激励的资金来源限制有明文规定："上市公司不得为激励对象提供融资和融资担保。"

7.定退出。

退出规则必须详细，包括制定不同情况下的退出条件，以及正常合理的退出价格。

（1）直接退出。若激励对象出现严重错误，触发了激励协议中错误范围的界限，已不再适合继续享受股权激励，企业可以无偿收回对该激励对象的期权，激励对象被清出。

（2）股权回购。对于普通激励对象，企业可支付一定金额用以回购此前实施某种激励方式承诺给予激励对象的股权（前提是激励对象达到考核条件）。对于企业创始人股东，需要在股权划分协议中特别明确两点，并在书面约定的前提下做出处理：①该创始人股东未成熟兑现的股权，或者无偿赠予公司其他创始人股东，或者其他创始人股东以极低的价格（如1元）购买；②对于该创始人股东已成熟兑现的股权，其他创始人股东可以按照划分股权时约定的回购价格进行收购。

股权划分协议的特别规定：①若离职股东不愿意出让股权，必须承担高额违约金；②约定较长的股权转让价款期限（起始一年至几年），以免其他合伙人股东在短时间内面临较大的现金压力。

（3）股权成熟。通常股权采用按年成熟模式，而股权是否成熟可直观判定股权是否正式由股权所有人所有。下面以案例形式呈现该退出模式（见图8-6）。

> A、B、C、三人合伙创业，股权比例是1:3:6。根据划分股权时的书面约定，股权成熟期为四年，每人的股份都均分为四份，每干一年成熟25%，四年期满后全部成熟。
>
> 一年后A决定退出，其手上持有的10%公司股份需要妥善处理。A的股份只成熟了四分之一，即2.5%，将由B和C按照事先约定的金额回购。A不再对余下的不成熟的7.5%股份有任何权利，即可以直接分配给B和C（分配比例二人协商），也可以不同的价格按公平的方式给B和C，以便将来重新找新合伙人代替A的位置。

图 8-6　案例呈现股权成熟

（4）退出价格。已上市企业或在交易市场挂牌的企业，股价可以通过市场体现，将股票套现较容易。非上市企业无法通过资本市场确定股价，可以参考下列方式（见表8-3）。

表 8-3　非上市企业股价确定方式

定价方式	备注
以退出股权激励时最近一次财务报告上的公司净资产价格为定价基础	评估成本最低，但对员工最不利，因为企业回购了员工手中未来的收益权，因此要有一定比例的溢价
引进第三方机构对公司价值进行评估，以评估价为定价基础	最公正，但成本最高

定价方式	备注
以退出股权激励时最近一次的公司融资估值为定价基础	没有评估成本，对员工最有利，但考虑到未来预期的溢价，对公司最不利，因此要有一定折扣
约定一个固定的金额或者固定的价格计算方式	没有评估成本，更利于价格的确定，但对未来的变化会存在争议
以原来的购买价格为基础，并按年利率溢价为定价基础	没有评估成本，但对于溢价的幅度会产生争议

注：无论采用哪一种方式定价回购，都会在一定时间段内影响企业的现金流，因此需制定好预防策略。

股权激励工具的选择

企业为了有效激励各级人员，纷纷创建和运用股权激励模式，推出各种形式的股权激励工具。当今的主流股权激励工具包括：虚拟股票、股票增值权、限制性股票、期权、业绩股票、账面价值增值权、期股、员工持股计划、管理层收购、延期支付、干股。具体采用何种类型的工具进入，应综合考虑每种类型的优劣、项目企业的具体情况、国家的法律政策等多种因素（见表8-4）。

表 8-4　股权激励工具

	优点	缺点
股票期权	（1）约定行使价格的存在使得激励对象与股东的利益更贴近 （2）公司因激励对象以行权价购进股票而获得现金流进 （3）激励对象对所获得的奖励有一定的自主控制权（在行权期内自行行权） （4）与公司股票的市场表现相连接	（1）如果公司通过增发新股来兑现期权则股东的股东权益将被稀释 （2）需要完善的绩效评估体系为支撑 （3）可能存在短期操作，损害股东长期利益 （4）企业不能为激励对象提供资金支持，激励对象存在资金来源问题
限制性股票	（1）留用员工的力度大，因员工可在限制期内获分发股息，即使股价下跌仍可有收入 （2）持有股票，令参与计划的员工与股东的利益较为贴近 （3）通常员工不需要投入资金 （4）限制期内持有人享有投票权的利益较为贴近	（1）被视为"免费午餐"，即便股价下跌，员工仍然有收益 （2）当员工获得受限股票，股东的股东权益将被稀释（采用股票回购方式除外） （3）如果采用回购的股票实施激励，会发生现金流出 （4）需要完善的绩效评估体系为支撑

	优点	缺点
业绩单位/股票	（1）参与的员工通常不需要投入资金 （2）强调与绩效指标的连接，促进达成长远绩效目标和年度指标 （3）设计灵活，可以结合现金与股票来兑现激励 （4）容易被股东理解和接受	（1）以需要完善的绩效评估体系为支撑 （2）难以找到行业相关的合适对比公司 （3）指标设计不合理会引起负面激励 （4）由于存在业绩压力，留用力度不大 （5）如果以股票分发，可能出现股东权益稀释
股票增值权	（1）采用增值权激励计划通常不会发生股权稀释，除非采用股票来兑现收益 （2）参与的员工通常不需要投入资金 （3）不涉及股票操作，实施上更加简便易行 （4）可以绕开股票市场的限制性法规	（1）通常情况下，股票价格不是直接与员工的绩效挂钩 （2）员工并非持有真实的股票，因此"所有者"的责任感不高
虚拟股票	（1）是一种享有企业分红权的凭证，不影响公司的总资本和股本结构 （2）参与的员工通常不需要投入资金 （3）留用员工的力度很大，特别是在股价上升的时候，增值的数额可以很大 （4）比较容易跟员工解释与沟通	（1）如果股价或股东价值下跌，员工仍可拿到比股东较大的回报（在员工获得应计股息的情况下） （2）公司需要付出现金，除非虚拟股票的增值部分以股票分发，否则公司需要以现金支付，较适合现金流量比较充裕的非上市公司和上市公司

股权激励方案设计

我们已经了解了股权激励的概念、要点、工具和流程，接下来就要讨论具体的方案设计。关于股权激励方案的具体设计，可以参考上述本章各节讲解的内容，也要根据企业的实际情况，设定方案的要点，通常有：确定股权激励对象、确定股权激励的来源、确定股权激励实施方式、股权激励的条件及额度、激励对象购股支付方式及资金来源、购股有效期约定、设立员工持股平台、获得激励股权的程序、股权收益及相关约定、退出机制、管理机构说明等。

以案例方式（某有限公司股权激励计划）对股权激励的方案设计进行详细阐述。

第一，目的。

为了充分调动公司核心管理人员，以及全体员工的工作积极性，特制定本股权激励计划。

第二，股权激励对象。

公司将采用全员持股的方式对员工进行激励，公司设立持股平台实施对员工的股权激励计划。

第三，激励股权的来源及股权激励实施方式。

（一）公司成立时预留的26%左右股份（由公司大股东代持），作为核心团队今后三年和其他员工激励股权。

（二）核心团队及员工在符合获得激励股权的条件后，通过公司设立的有限合伙平台公司持有公司股权。公司大股东将代持预留的激励股权转让给有限合伙平台公司完成股权激励计划。

公司实施股权激励后的股权结构（见图8-7）。

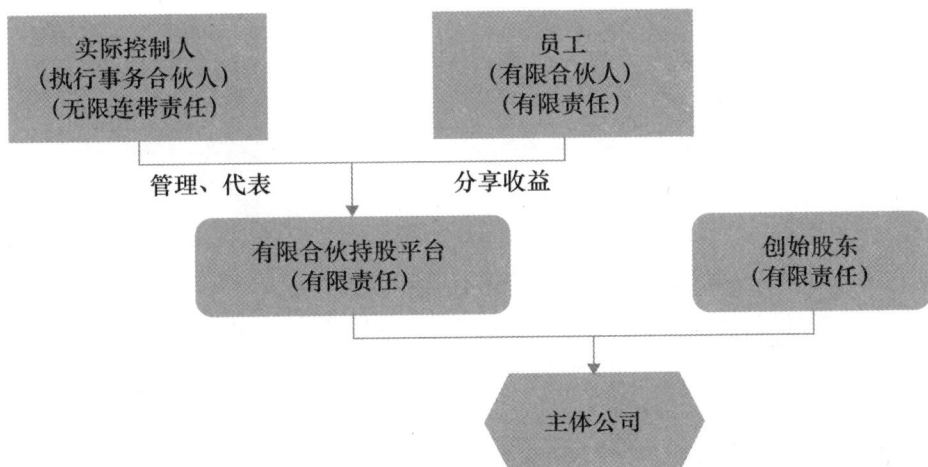

图 8-7　股权结构

第四，员工持股平台。

由公司大股东发起（实际控制人）设立有限合伙企业，作为员工持股的平台，大股东指派代表作为有限合伙企业GP（普通合伙人），参与股权激励的员工作为LP（有限合伙人）。

第五，核心团队获得激励股权的条件及额度。

（一）核心团队是指培训公司的总经理、运营总监、培训总监等高层管理人员。

（二）核心团队的股权激励计划分三年实施。

（三）公司依据发展规划和每年的经营目标，与核心团队签订目标责任书，按自然年度进行业绩考核。公司年度营收与净利润目标达成率超过95%以上、苗邦培训计划完成率100%则启动当年的股权激励计划。当年未达到股权激励启动条件的，股权激励计划顺延。

（四）核心团队三年股权激励计划安排（示例）（见表8-5）。

表8-5　核心团队激励计划

	总经理	运营总监	培训总监
第一年	2%	2%	1.33%
第二年	2%	2%	1.33%
第三年	2%	2%	1.34%
共计	6%	6%	4%
备注	激励股权是指获取的激励股权数量与公司总股权数量的占比		

（五）公司业绩达到股权激励启动条件的，核心团队人员按照股权激励计划预设的激励股权比例结合个人业绩考核情况兑现（见表8-6）。

表8-6　核心团队人员具体激励条件

考核结果	兑现比例
良好及以上	100%
合格	75%
不合格	不兑现

第六，员工获得激励股权的条件及额度。

（一）员工须在试用期满后在公司工作一年以上，公司当年业绩符合股权激励计划启动条件且员工年度考核结果良好及以上。

（二）员工个人获得的激励股权最高不得超过公司总股权的1%，具体份额由公司根据员工的职级、业绩确定。

第七，员工购股支付方式及资金来源。

（一）员工获得激励股权均需支付相应的现金购买，股权定价按每股人民币1元，员工按获得的激励股权数量以现金形式支付。

（二）购股资金由员工自筹或由公司年终奖金、股权分红收益转付，公司不承诺为员工提供购买激励股权的借款。

第八，员工获得激励股权的程序。

可以分为5个步骤（见图8-8）。

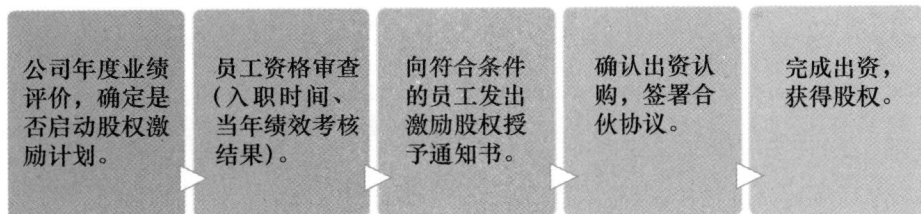

公司年度业绩评价，确定是否启动股权激励计划。	员工资格审查（入职时间、当年绩效考核结果）。	向符合条件的员工发出激励股权授予通知书。	确认出资认购，签署合伙协议。	完成出资，获得股权。

图 8-8　员工获得激励股权的程序

第九，关于员工购股有效期的约定。

员工获得股权激励资格，自收到公司发出的激励股权授予通知书之日起三个月内为购股有效期，在有效期内员工未完成出资及购股手续的，视同自动放弃。自动放弃股权激励资格的员工在之后的两年内不得参与公司的股权激励计划。

第十，股权收益及相关约定。

（一）员工获得的激励股权享有分红权和增值权。员工可依据公司盈利状况和所持股权数量从公司获取股权分红，也可因公司经营发展带来的所持有股权价值增长而获利。

（二）员工持有的激励股权不可以转让和质押，触发退出机制时由公司大股东回购。

（三）公司设立股权激励备用金作为股权激励专项周转资金，以用于回购员工的股权，备用金由公司员工持股管理委员会负责管理。

（四）备用金必须专款专用，由公司财务部设立专门账户和负责核算，资金的日常支出由公司员工持股管理负责人审批，重大支出经员工持股管理委员会讨论决定，每年向董事会汇报并向持股员工公布收支情况。

（五）公司大股东代持的激励股权对应的分红，作为股权激励的备用金进入专门账户。

（六）备用金的来源主要是大股东代持的激励股权对应的分红和员工购股的资金。

第十一，退出机制。

（一）无论因何种原因触发退出机制的，员工所持激励股权由公司大股东回购，员工应在30天内配合大股东完成激励股权的回购。

（二）员工因违规违纪被公司辞退的，应在离开公司时同步办理股权激励计划的退出手续。员工所持激励股权由公司大股东按员工获得激励股权的价格回购；员工因违规违纪退出股权激励计划的不得参与当年的股权分红。

（三）合同期满、双方协商解除劳动关系或员工申请离职的，应在离开公司时同步办理股权激励计划的退出手续。员工所持激励股权由公司大股东按双方协商的公允价格回购；员工可按办理离职时的月份折算参与当年的股权分红。

（四）工作业绩考核引发的激励股权退出。已参与股权激励的员工连续两年业绩考核不合格或是连续三年没有在年度业绩考核中获得过良好（含）以上评价的，应退出股权激励计划。员工所持激励股权由公司大股东按双方协商的公允价格回购。员工在退出股权激励计划之后的两年内，若业绩条件符合激励股权授予条件的，可重新授予激励股权。

（五）参与股权激励计划的员工在公司工作至退休年龄，在因退休离职时可分三年退出股权激励计划。员工所持激励股权由公司大股东按双方协商的公允价格回购，所持股权仍可参与股权分红。

（六）公司被收购时，公司可回购员工持有的激励股权。员工所持激励股权由公司按双方协商的公允价格或是按员工获得激励股权价格的150%回购，所持股权仍可按回购时月份折算参与当年的股权分红。

备注：

公允价格建议：

公允价格＝获取激励股权时的购股价格 × 发生回购上年度公司净利润与获取激励股权时公司净利润的增长比率 × 50%＋发生回购上年度公司营业收入与获取激励股权时公司营业收入的增长比率 × 50%

第十二，管理机构。

（一）经公司董事会同意，设立员工持股管理委员会，由有限合伙持股平台公司GP（公司实际控制人代表）、公司行政人事负责人、公司财务负责人、员工代表组成员工持股管理委员会。

（二）员工持股管理委员会在董事会授权下开展工作，负责计划的解释，处理员工持股的相关事宜和负责日常的管理与协调工作，对董事会负责。

第十三，特别说明。

（一）员工因参与公司的股权激励计划而产生的税费由个人自理。公司履行代扣代缴义务。

（二）公司股权激励计划的修订由员工持股管理委员会负责，报公司董事会批准后实施。

股权激励计划的协议拟定

企业实施股权激励需要对相关操作全面执行，还需要拟定相应的协议进行保障，常规的重要协议有：实施股权激励计划的股东会决议、股份认购协议书、员工参加股权激励计划通知书，以及股份激励计划工作流程。

1.实施股权激励计划的股东会决议（见表8−7）。

表8−7　××公司股东会关于实施股权激励计划的决议

××公司股东会关于实施股权激励计划的决议
根据《中华人民共和国公司法》和_____有限公司（"公司"）章程的有关规定，公司的全体股东，代表公司100%的注册资本，于_____年_____月_____日一致决议如下： 　　1.兹决议，公司全体股东特此通过《_____有限公司股权激励计划》（"股权激励计划"）； 　　2.兹决议，公司全体股东特此授权公司董事会或其指定的人员或机构作为管理人管理和解释上述股权激励计划； 　　3.兹决议，全体股东特此放弃对上述股权激励计划相关股权的优先购买权； 　　4.兹决议，特此授权公司法定代表人或其指定的人士签署股权激励计划有关的法律文件，并办理与上述事项相关的一切必要事宜。 　　股东签名： 　　_____年_____月_____日

2.股份认购协议书。

以"某投资管理有限责任公司员工持股计划股份认购协议书"为例（见表8−8）。

表 8-8　某投资公司股份认购协议书

某投资管理有限责任公司

员工持股计划股份认购协议书

甲方：某投资管理有限责任公司

通讯地址：＿＿＿＿＿＿＿＿＿＿＿＿＿＿＿＿＿＿＿＿＿＿

乙方：＿＿＿＿＿＿＿＿＿＿＿　身份证号码：＿＿＿＿＿＿＿＿＿＿＿＿＿＿＿

通讯地址：＿＿＿＿＿＿＿＿＿＿＿＿＿＿＿＿＿＿

根据《某投资管理有限责任公司长期激励方案》（以下简称《长期激励方案》）的有关规定，并依照《某投资管理有限责任公司章程》以及某投资管理有限责任公司（以下简称"公司"）股东会和执行董事作出的有关决议，就公司实施股权激励事宜订立协议如下：

一、激励股份的授予资格认定

乙方自＿＿＿＿年＿＿＿月＿＿＿日起在甲方工作，现担任＿＿＿＿＿＿一职，经甲方薪酬委员会按照《股权激励方案》的有关规定进行评定，乙方在＿＿～＿＿年度的综合评价等级为＿＿＿＿。以此确认乙方具有作为激励股份的授予资格。

二、乙方自＿＿＿＿年＿＿＿日＿＿＿之日起享有《某投资管理有限责任公司章程》中的股东权益，并有责任负担股东的义务。

三、甲方与乙方签署本协议不构成甲方对乙方聘用关系的承诺，甲方对乙方的聘用关系仍按照劳动合同的有关约定执行。

四、股份的回购约定

出现下列情况之一，乙方已获得的激励股份由甲方按照认购价或就低回购：

1. 在甲方不同意的情况下坚持离职的；

2. 违法、违规的；

3. 给公司造成损失而被解雇的；

4. 其他对公司造成损害或不利影响的情形。

出现下列情况之一，乙方已获得的激励股份由甲方按照公司当期每股净资产价值回购：

1. 与甲方协商并双方达成一致后中止或解除劳动关系，激励对象不在甲方任职的；

2. 甲方认定乙方不符合岗位要求，被调离原岗位或被甲方解除劳动合同的；

3. 根据甲方需要的安排，乙方被调离原岗位；

4. 连续两年综合评定等级为 2+ 以下定位的；

5. 乙方因执行公务丧失劳动能力或死亡时。

回购操作时，按回购价的 0.5％ 收取的回购登记费用，由乙方负担。

五、本协议一式二份，甲、乙双方各执一份，具有同等法律效力。

六、本协议自甲、乙双方签字或盖章之日起生效，本协议有效期为＿＿＿＿＿＿年。

甲方：＿＿＿＿＿＿＿＿＿＿＿＿＿乙方（签字）：＿＿＿＿＿＿＿＿＿＿＿＿

＿＿＿＿年＿＿＿月＿＿＿日 ＿＿＿＿年＿＿＿月＿＿＿日

3. 员工参加股权激励计划通知书（见表8-9）。

表8-9 ××公司员工参加股权激励计划通知书

××公司员工参与股权激励计划通知书

先生/女士：

您好！

恭喜您！为感谢您对公司的忠诚，以及您在公司的辛勤劳动，经公司员工持股管理委员会审核通过，您已符合参与公司股权激励计划的条件，决定授予您公司＿＿＿＿＿％的激励股权的认购权，以期您今后的工作更上一层楼，取得更好的业绩，与公司共同成长，共同发展！

可认购股权比例	公司总股权数	认购的每股价格	实际购股总金额

此购股权从正式通知您之日起，在三个月内有效，超过三个月未出资认购则视同放弃。参与公司股权激励计划，通过持股平台持有公司授予的激励股权即意味着您已知悉并承诺遵守《公司股权激励方案》。从您正式出资认购起，依据持有股权，可参与股权分红；成为公司员工持股平台的有限合伙人，承担合伙人的责任，享受合伙人的权益，具体内容见《合伙人协议》。

特此通知！

××有限公司员工持股管理委员会

＿＿＿＿＿＿年＿＿＿月＿＿＿日

员工签名：

＿＿＿＿＿＿年＿＿＿月＿＿＿日

4.股份激励计划工作流程。

以"某投资管理有限责任公司业绩股份激励计划工作流程"为例（见表8-10）。

表8-10　某投资公司股份激励计划工作流程

某投资管理有限责任公司
业绩股份激励计划工作流程

业绩股份激励计划为每年度滚动实施。

由薪酬委员会根据《某投资管理有限公司长期激励方案》负责实施，薪酬委员会在以下三个阶段中的主要工作内容是：

第一阶段，准备阶段。

_____年___月____日之前，确定《业绩股份激励计划》_____年度成长分享计划内容包括：

1.启动业绩股份激励计划的公司业绩目标设定。

2.业绩股份激励计划激励对象和授予条件。

3.符合职级和年限条件的激励对象名单。

《业绩股份激励计划》经总经理批准后，向激励对象公布《业绩股份激励计划》。

第二阶段，评价阶段。

第一年度结束后对激励对象进行以下方面的综合评价，评价内容与方式与成长分享计划相同，可使用成长分享计划评价结果：

1. 12月1日之前完成当年激励对象的基于素质模型的素质评价。

2. 12月10日之前收集并评定激励对象个人快速成长或突出贡献事例。

3. 1月15日之前完成激励对象的年度绩效考核评价和个人综合评价等级。

第三阶段，认购阶段。

1.确认激励对象的股权激励授予资格。

2.计算《业绩股份激励计划测算表》。

3.计算股份授予人员的认购价格和出资金额。

4.持股平台公司认购某投资管理有限公司的经营者激励股份，签署股份认购协议。

5.持股平台公司的法人代表与股份授予人员签署《业绩股份激励计划协议书》。

6.持股平台公司于3月31日前为激励股权授予人员办理完毕工商注册手续。

案例：某投资公司长期股权激励方案

某投资管理有限公司成立于2005年，是一家具有互联网思维，以"社区商业"为主营业务，集商业投资、定位、招商、运营为一体的企业。

为更好地激发企业内部上下共同创业、共同担当、共享利益的经营理念，实现"创造并实现商业地产价值更大化"的企业愿景，公司决定在全公司范围内实施业绩股份长期股权激励计划，具体内容如下：

第一章　总则

第一条　特别声明

《某投资管理有限公司长期激励实施细则》（简称《长期激励方案》）依据《中华人民共和国公司法》和其他有关法律、行政法规，以及《某投资管理有限公司公司章程》制定。

本《长期激励方案》由股东会决议通过后方可实施，自通过之日起生效。

本《长期激励方案》是公司董事会实施长期激励管理的依据，也是公司股东会和监事会实施监督的依据。

本《长期激励方案》有效期为方案发布日生效，除非本《长期激励方案》中规定的终止条件发生。

本方案未尽事宜，按照国家有关法律和公司章程，本着公平、合理、有效的原则协商解决。

第二条　目的

为了实现某投资管理有限公司（下文简称"某投资公司"）经营效益与贡

献者个人收益的同步提升，稳定并激励核心管理层和骨干，公司特制订此长期激励制度。

第三条　长期激励原则

1.全面薪酬原则：股权是金条，设计股权激励方案时，全面考虑公司薪酬体系，做到虚和实、短期与长期相结合。

2.收益增长原则：在原股东股权比例下降时，原股东的股权收益要有更多的增长。

高标准选人原则：选人胜于激励，明确公司的价值观和用人标准，严格以符合价值观的标准来选择人，股权激励对象宁缺毋滥。

3.强激励和高约束相结合原则：设置必要的约束机制，以保障长期激励计划的长期合理运行，以保障各方面的利益。

4.达标启动原则：设立经营增长的目标值，超过目标值的年份才启动股权激励，没有达标的年份，不启动股权激励。

第四条　长期激励文化

公司股东会和董事会将致力于持续改善本长期激励项目的公平性和合理性，但不保证也无法保证所有各方均认可本激励计划的公平性和合理性。本计划将充分接受参与各方的建设性意见，但不接受任何个人以加入该计划或获取更多份额为目的的质疑。

参与各方包括原股东均应以合作共赢、公司成长、公平竞争、尊重结果的精神参与本激励计划。

第五条　激励范围

本次实股激励的对象主要为某投资公司高级经理级以上人员，成长分享计划的激励对象为公司全员，具体激励对象按照业绩表现、价值认同、职位等级和在职年限等因素确定。

第六条　长期激励项目

本《长期激励方案》中所指的长期激励项目有两种，分别是：

1.业绩股份计划：基于对公司2017~2021年战略目标的推进与达成，特制订业绩股份计划，本计划于2017年至上市材料申报前每年根据公司业绩完成情况确定是否实施。

第一批激励对象为高级经理级以上人员。以后公司于年初根据职级、司龄、个人九宫格定位（业绩与素质综合评价）等因素确定激励对象范围及授予额度，年末根据当年公司业绩和激励对象个人综合定位情况确定是否实施及具体的激励对象名单。

业绩股份计划与个人价值观、业绩紧密挂钩，以公司业绩达标为实施前提，个人价值观与业绩情况为授予依据。

2.成长分享计划：成长分享计划面向满足资格和条件的全体员工，若当年度公司达到并超过预期净利润目标，则按相应比例分享公司净利润增长的激励，本计划按年度执行。

第七条　公司战略目标

制定长期激励方案正是为了更好地实现公司的长期战略目标，本方案是否持续实施也取决于公司战略目标能够实现的程度（见表8-11）。

表8-11　公司每年的业绩目标

年份	门店数	营业收入（亿元）	净利润（万元）
2017	15	2.8	2500
2018	30	6	6000
2019	50	10	10000
2020	70	20	20000
2021	80	25	25000

第八条　股份激励计划的股份来源

本次业绩股份计划的激励对象采用间接持股的方式，于2017年初成立有限合伙企业作为持股平台，占某投资公司20%的股份作为激励股权池。以持股公司的股权作为激励标的，采用大股东转让的方式作为业绩股份的来源，本次激励股份总额为某投资公司6%的股权。

第九条　组织实施

本《长期激励方案》由公司董事会负责拟定、修改、解释和实施。

为更好应对实际运营中各种不可预测的情况，董事会有权根据实际经营情况对本《长期激励方案》中的各项指标做出的调整，报股东会批准。

董事会根据本《长期激励方案》实施业绩股份计划与成长分享计划。

第十条　方案中止和条款修订

当公司出现以下情形之一时，《长期激励方案》中止或暂停执行：

1.股东结构发生重大变化，并经股东会决议要求方案中止的，可以中止本计划。

2.公司运营出现重大变化，并经股东会决议要求方案中止的，可以中止本计划。

当公司出现以下情形之一时，可以对《长期激励方案》中的条款进行修订：

1.股东结构发生变化，并经股东大会决议要求修订方案中条款的；

2.公司运营出现重大变化，并经股东大会决议要求修订方案中条款的；

3.公司销售利润率下降，并经股东大会决议要求修订方案中条款的。

自2017年1月1日起，如果公司在2021年前没有上市，已经取得股份的激励对象，可以自行选择继续持股或者由实际控制人或其关联方按照授予价格回购。

第二章　业绩股份计划

第十一条　激励股份总额

业绩股份计划于2017年至上市材料申报前每年执行一次。业绩股份激励计划的激励标的来自大股东转让，累计总额不超过20%，当激励总额满20%时，采取定向增发或所有股东同比例转让的形式进行激励。

第十二条　授予对象及标准

业绩股份计划的第一批激励对象为某投资公司高级经理级以上人员，激励对象的价值观需符合公司发展方向（如先公后私），若价值观与公司要求不符合，则不能进入当年激励范围。

每年对业绩股份激励对象进行年初和年末两次删选，具体删选标准（见表8-12）。

表8-12　激励计划对激励对象筛选方案

时间	因素	标准 / 说明
年初	1——职级	总经理、副总经理、总监、高级经理
	2——司龄	1年——0.8；2年——1；3年——1.2；4年——1.5；5年及以上——2
	3——上年度综合评价等级	定位为1，2 + 以上人员
年末	1——公司业绩（净利润）	达标——执行 不达标——当年不执行
	2——本年度综合评价等级	定位为2 + 及以上人员——授予 其他定位人员——无

第十三条　授予方式

业绩股份计划于年末确定激励对象名单和授予额度后进行授予（公司为实际控制人或其关联方），分三次进行，每年度授予比例分别为40%、30%和30%。

第十四条　授予时间

业绩股份计划自2017年度开始，于2018年3月31日起执行工商变更，分批执行。例如，公司于2021年之前上市，可以加速业绩股份的授予或采取其他法律允许范围内的方式。

第十五条　业绩股份计划的变更、终止及其他事项

（一）公司控制权变更

若因任何原因导致公司的实际控制人或其关联方发生变化，所有已授出的业绩股份不做变更。

（二）惩罚性回购

1.解雇。激励对象因为触犯法律、违反职业道德、泄露公司机密、失职或渎职等行为严重损害公司利益或声誉而被公司解雇的，自离职之日起所有已授予的业绩股份由实际控制人或其关联方按授予价格或就低予以回购。

2.辞职。在公司不同意的情况下，激励对象因辞职而离职的，自离职之日起所有已授予的业绩股份由实际控制人或其关联方按授予价格执行回购。

（三）公平性回购

1.未满足综合评定条件。若激励对象连续两年未达到综合评定为1或2+，则所有已授出的业绩股份由实际控制人或其关联方按当期净资产价值执行回购。

2.丧失劳动能力。激励对象因执行职务负伤而导致丧失劳动能力的，其所获授的业绩股份由实际控制人或其关联方按照当期净资产价值予以回购。

3.退休。激励对象因达到国家和公司规定的退休年龄退休而离职的，其所获授的业绩股份由实际控制人或其关联方按照当期净资产价值予以回购。

4.死亡。激励对象死亡的，自死亡之日起所有未授予的业绩股份由实际控制人或其关联方按照初始价格执行回购。但激励对象因执行职务死亡

的，其所获授的业绩股份由实际控制人或其关联方按照当期净资产价值予以回购。

5.协商辞职。激励对象与公司协商并双方达成一致后中止或解除劳动关系，激励对象不在公司任职的，所获授的业绩股份由实际控制人或其关联方按照当期净资产价值予以回购。

第三章 成长分享计划

第十六条 成长分享计划的启动条件

公司从2017年开始，每年实施成长分享计划，面向符合资格的全体员工，共享公司部分净利润的收益，启动条件为达到本年度净利润目标，同时没有其他意外的情况发生。

第十七条 成长分享总金额的决定

成长分享总金额＝当年净利润×2%＋超额部分净利润×30%

第十八条 个人进入成长分享计划的条件

作为或有收益，成长分享计划宗旨在激励那些为公司成长做出杰出贡献的优秀员工，激励范围面向符合资格的全体员工，但不保证所有员工能够从该计划中获益。

人力资源部根据职位等级、岗位、综合评价等级，确定激励对象人员名单及份额，并报薪酬委员会批准。

进入成长分享计划的条件：

条件一：综合评价定位在2及以上；

条件二：本年度没有违反员工手册的违纪及失职行为；

条件三：其他公司认为必须具备的条件。

第十九条 个人获得成长分享的份额（见表8-13）。

表 8-13　个人获得成长分享的份额计算标准

级别	职务名称	职级系数	岗位系数	九宫格系数	
八级	总经理	8	管理→1.3 营销→1.3 设计→1.3 职能→1	定位	系数
七级	副总经理	4		1	2
六级	总监	2		2＋	1.5
五级	高级经理	1.5		2	1.2
四级	经理	1		3	0
三级	主管	0.8		4	0
二级	一般员工	0.6		5	0
一级	一般技术岗	0.4			

第二十条　个人份额计算方法

$$Y_1 = \frac{G \times C_1 \times Po_1 \times Pe_{1-}}{\sum [C_i \times Po_i \times Pe_i]}$$

式中 Y_1——个人成长分享计划奖励金额

G——成长分享计划奖励基金总额

C_1——职位等级系数

Pe_i——九宫格系数

Pe_i——岗位系数

第二十一条　授予时间

成长分享计划以 8：2 的比例分两个年度授予达到条件的激励对象，当年未授予部分存入公司设立的"成长分享专项基金"。成长共享奖励金额分配时间为公司本财年财务决算后的三个月内，被授予人获取当年分配部分，其余部分存入"成长分享专项基金"，按公司规定期限和要求领取。

举例：公司员工刘先生在 2009 年度应得的成长分享计划奖励金额为 10000 元，他当年可以拿到 8000 元的现金，其余部分存入"长期激励专项基金"，并可以在 2010 年提取 2000 元。

符合业绩股份条件的员工可以提前调用"成长分享专项基金"购买其当

年应得部分的业绩股份。

第二十二条　取消资格规定

激励对象出现以下6种情况时，成长分享奖励金额强制留存部分拥有资格将被取消。

1.有违法、违规的行为；

2.给公司造成重大损失；

3.劳动合同期未满，未经公司同意而离职；

4.离开公司后，在红利留存期内从事与公司有竞争关系的业务；

5.连续两年综合评价定位未达到2或2以上；

6.其他对公司造成损害或不利影响的情形。

除以上情况之外，激励对象可按期获得其留存在长期激励基金中的成长分享计划的金额。

第四章　其他

第二十三条　个人所得税

被授予人因业绩股份激励计划与成长分享计划而获得的各种收益，均须按国家有关规定自行交纳个人所得税。

第二十四条　保密条款

在任何情况下，进入业绩股份激励计划与成长分享计划的激励对象，都对个人的股份数量、比例和金额有保密的责任和义务。除了与激励计划管理人员沟通股份事宜之外，不得在任何环境与任何人谈及股份数量、比例和金额。

打听他人股份数量、比例和金额，或者泄露自己分红和股份数量、比例和金额的，视其影响范围和破坏程度，取消其授予资格、回收其已授予股份并不得参与之后股权和成长分享计划的分配。

第五章　附则

第二十五条　股东会授权公司董事会制定本方案。本方案由董事会负责解释。

第二十六条　本方案自公司股东会审议通过之日起生效。

第二十七条　经公司股东会批准的《长期激励方案》在以后年度可以遵照执行，除非《长期激励方案》的条款发生变动。

第二十八条　本方案未尽事宜，按照国家有关法律和公平、合理、有效原则解决。

第九章
把握管理重点避开激励误区

     激励作为一项高深的管理艺术，激励本身复杂性的特点是许多企业容易陷入激励误区的重要原因。激励不仅包括激励方法的运用、激励理念的不同等方面，还包含着不同的人员层次、时期周期、跟踪反馈等因素。要想有效运用激励措施，管理人员必须充分了解激励的各种理念方法，综合考虑激励的多种因素才能发挥激励应有的作用。

     美国企业家艾柯卡所说："企业管理无非就是调动员工的积极性"。很多企业在制定激励措施和实施具体激励时，往往只片面地考虑正面的奖励措施，轻视或不考虑约束和惩罚措施，或者带入了一些错误的观念和想法，可能是长期以来形成的习惯做法，也可能是自己对激励的错误理解。走入误区的激励，不如没有激励，误区会引发各种企业内部矛盾。本章就来看看误区中的几种常见形式，便于企业管理者在操作过程中引以为戒。

奖金就是激励

当前，国内大部分企业采用的激励手段主要是以资金激励为主，如采用销售额的佣金提成、季度奖、年终奖等形式来提高员工工作积极性，然而事实证明除经济利益外，企业文化、工作环境等也在影响着员工工作的积极性。部分企业过分重视资金激励的作用，没有注意到员工还有更高层次的需要，所以我们才会发现很多管理者盲目给员工发奖金，但是如果在分配的过程中，用之不妥或分配不均，不但不能起到激励的作用，还会起到反作用，从而产生一系列事与愿违的副作用。过于单一的奖金激励方式，是因为企业管理者没有看到员工除在奖金方面还需要更多种类的激励方式。

刘总是一家程序开发公司的业务部总监，他发现一个问题：现在的员工很难"管理"，有一个奇怪的现象，那就是员工在年会上拿了奖金之后很快离职。甚至，拿奖金成为员工离职的前奏。小王是刘总部门的一位员工，平常工作很努力也很上进，在公司年会上被评为"明星员工"，并在大会上获奖，公司给他发了一笔不菲的奖金，以资鼓励。然而，一个月之后小王向刘总提出了离职，原因想转行。刘总知道这个原因是借口，对小王说："公司不是刚给你发了奖金吗，这么快离职不妥吧？"小王说："那是我应得的。"刘总陷入无奈的思绪中。

刘总碰上的情况其实很常见。在有些企业中，优秀员工为什么留不住？我们不仅可以观察到什么样的人愿意加入到企业中，也可以思考什么样的人想要离开企业。为避免管理者走入"奖金激励"的误区，我们给出两种方法：

1.学会用"双因素理论"激励员工。

美国行为科学家弗雷德里克·赫茨伯格在1959年提出了著名的"双因素理论",人不会因为得到"保健因素"而满意,只会因为得不到而不满。员工不会因为得到了高奖金就一定感到满意,却会因为没有得到奖金或者得到的较少而感到不满。

因此,管理者在实施激励时,必须做到三点:

(1)懂得区分保健因素和激励因素。保健因素通常包括环境、福利、公平和工资等。激励因素通常包括工作带来的表现机会、喜悦度和成就感。

(2)多研究激励因素研究人性。员工的保健因素需要被满足,但真正激励员工的是激励因素。用一些偶然和不可预测的激励来激励员工,让员工内心感觉到"太好了"而不是"应得的"。

(3)要防止激励因素变为保健因素。因为适应性感知的存在,激励因素目标性和导向性模糊,多次重复同样的数量金额的资金,员工就会习惯地认为是保健因素。

2.增进信任,加强有效激励。

员工对管理者的命令认真执行,绝不仅是因为职务上的上下级关系。管理者要搭建良好的工作氛围和工作关系,管理者在分配任务阶段和执行任务阶段,就分批给予员工一定的帮扶和奖励,主动帮助员工消除工作中的障碍,让员工感觉企业和管理者是可以依靠的,激励才更有效。有效激励是让员工在达成组织目标和个人成就的道路上并非是一个人在战斗,始终得到上级领导的关注鼓励、有同事的帮助,个人在工作进步的道路上充满着动力。企业文化是激励机制的一种重要载体,对员工进行企业文化培训,形成良好的文化氛围,协调的人际关系,使员工把企业的目标当作自己的奋斗目标,企业才会从情感上留住人才,并激励人才旺盛的创新活力。

只唯上不唯下

马云经常说："大公司一定要明白你不要什么，因为进来的都是人才，每个人的想法都很多。小公司要明白你要什么，要什么东西就奖励谁，达不到的也以此惩罚谁。只有这样，公司才能均衡发展。"在激励实施中，企业管理者要明确一点，激励不公和激励偏差会导致很多管理问题，甚至会导致企业崩塌。现实中不少企业存在不公和偏差体现在"只激励高层，不激励基层"或者"高层奖金多，基层奖金少"。

某地级市的母婴用品公司，销售经理下属8名销售员。这8名销售员每天外出跑业务，非常辛苦，2019年为该部门获得了破5000万的销售额。年底公司除兑现了销售提成，还奖励销售部经理10万元，以表彰他领导有方，8名业务员每人500~1000元不等的奖励。

对销售人员来说，工作在一线，天天跑门店，一家一家地推销产品，明明自己是最辛苦的，得到的奖金却最少。而销售经理大部分时间用于开会、每周做报表和统计分析数据，对一线销售的支持指导的力度并不大，销售业绩增长的主要原因是县城区域市场中独家品牌销售垄断，并非销售经理带领团队完成的业绩，这是典型的"只关注高层，不关注基层"的激励误区。这样的激励无疑是存在问题的，一旦市场各品牌母婴产品充分竞争，业绩较强的销售员没能得到有效的激励，有可能会跳槽到其他品牌公司，跳槽后可能会产生一系列的竞争压力，对公司来说是得不偿失。

所以，作为企业管理者，必须注意在激励时不能有不公心理，不能因为是管理者的位置就给予高奖励，基层员工的位置低就只给低奖励。而是要根据该职位及个人的业绩和对企业的贡献程度来进行公平激励。

1.利用期望理论进行公平激励。

期望理论由著名心理学家维克托·弗鲁姆提出。他指出的期望理论是：激励水平＝期望值×效价。

期望值是做成这件事的可能性。效价是你对激励的渴望程度。

通俗来讲，目标要看着挺高，但跳一跳够得着。这样的目标，人们才会以高度的热情去追求，对基层员工来说，这样的期望才是有追求意义的。管理者一定要利用"期望理论"来激励员工。

（1）解决"可能性"，即努力和绩效的关系。对基层员工来说，相当容易的目标不足以引起较大的兴趣和努力。适当困难程度的目标可以维持高的努力和通过完成该目标产生满足感，而超过个人所达到的目标会通过产生失望而降低努力动机。

（2）解决"关联性"，即绩效与奖励的关系。绩效是企业追求的目标，奖励则是员工追求的目标。奖金、晋升、提级、表扬，必须紧密地、清晰地和绩效关联起来，才能产生激励的最大效果。

2.建立公平激励文化。

传统文化中存在的集体主义思想等在不同程度上影响了激励措施的实施。例如，传统观念中"枪打出头鸟""木秀于林，风必摧之"的思想，很容易使员工不愿意表现出工作积极性或对受到激励者进行嫉妒、排挤；集体主义的思想常常使员工的积极表现得不到重视；而"老资格"、论资排辈则容易滋生老员工高高在上，新员工畏首畏尾的现象，使一些能力强的新员工难以施展才能。这些都不利于激励作用的发挥。

公平不是一朝一夕促成的，而是在企业文化的价值观基础上建立起来的。

体制是公平的最大保证，因此企业要创新体制，建立适合现代员工思维观念和价值观的新体制。树立一种能够充分发挥个人潜能和实现个人价值的用人理念，企业要努力创造一个公平、公正、公开的竞争环境。让基层员工明白，不因职位高低，努力个人能够获得公正的奖金激励和晋升激励。

响鼓无须重锤

在企业管理中，很多管理者认为在激励员工时即使他们工作上有问题，但碍于以前工作优秀，是"领头羊"，即便是出现错误和偏差，也只是容忍或者旁敲侧击点一下，他们就能改正。这种想法并不科学，"响鼓不用重锤"在管理中只适用于那些自觉、优秀的员工。但是对普通员工来说，还是需要在关键时刻来一击"重锤"。因此，管理者需要明确三点：

1.明确什么样的员工是"响鼓"。

职场中有一部分员工：他们素养很高、能力很强、工作踏实、为人谦恭、积极上进、懂得反省。这样的员工往往能做到知耻而后勇，知不足而奋进。这类员工就是所谓的"响鼓"，"老牛亦解韶光贵，不待扬鞭自奋蹄"。现在经常用"老黄牛"来比喻老老实实、勤勤恳恳工作的工作人员，总是那样进取和开拓，总是默默地耕耘着、奋斗着。

出现失误时，要分清员工出错的原因，如果管理者观察到下属很踏实努力，懂得反省，可能因为出于创新、出于为公司抢节点、争收益，上级若还因为一点小错误就横加指责和大力惩罚，不仅起不到想要的作用，还会伤害员工的自信心和积极性。要帮助"响鼓"们解决遇到的实际问题，不走弯路、不走违规违纪的错路。培养他们的专业技能和理论知识，成为企业员工中的"2+明日之星""1卓越典范"（见图9-1）。

2."响鼓"不能不敲。

对待"响鼓"虽然不能重敲，但也绝非一下不敲。有些管理者认为好的员工一切靠自觉，这种想法也是错误的。如果优秀员工犯了错误，管理者视而不见，不加以提醒，就等于在纵容他们，只会害了员工。

在做企业咨询人才盘点中，经常会了解到这样一个情况，企业在业绩较高的几年里突出的几位优秀生产及销售部门的中层管理人员，他们在企业发展过程中成就了公司的上升曲线，但是随着市场竞争激烈，他们还躺在功劳簿上，不主动学习管理知识，不去研究细化市场需求，结党营私，搞小帮派，凭着前几年的经验做法，盲目乐观，造成企业经营效益年年下滑，在企业经营会议上，他们通常会迁怒于上级不支持、下级不努力、竞争对手太狡诈、客户太难伺候，却不能客观地思考自身存在的问题。

在人才校审会上，此类人员得分是潜力低+绩效低，归于"5淘汰优化"格里，公司高层在评价这类中层管理人员时，反思到在经营过程中没有持续鞭策激励敲"响鼓"，曾经的"功臣"缺乏持续鞭策，蜕变成了企业发展的"阻力军"，更有甚者把整个部门团队风气都带歪了。

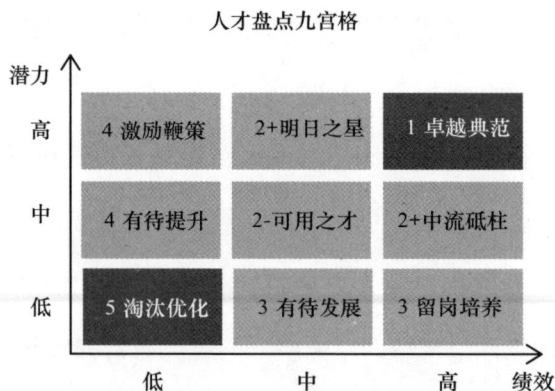

人才盘点九宫格

潜力	低	中	高 绩效
高	4 激励鞭策	2+明日之星	1 卓越典范
中	4 有待提升	2-可用之才	2+中流砥柱
低	5 淘汰优化	3 有待发展	3 留岗培养

图 9-1　人才盘点九宫格

在企业管理中，面对犯了错的优秀员工，管理者应该怎么做呢？

当然无论他是多么好的"响鼓"，上级在看到其工作态度及业绩出现下滑时，还是需要利用绩效面谈、月度经营会、半年度民主座谈会等形式进行适时的"敲打"。

3.在艰难目标前，"响鼓"需重"锤敲"。

企业经过分析内外部环境和自身的优劣势，制订出明确的全年经营目标，经过各分管部门的负责人充分讨论后颁布出来。公司运营部将这个经营目标分解到各生产、研发、销售部后，全公司上下必须调动一切资源，保障经营计划按期完成。在这个过程中无论是各级管理者还是基层员工，都要"响鼓重锤"，安全生产方面更是要"警钟常鸣"。

某工业生产制造企业，眼看三个季度已过去，生产经营仍然不尽如人意，距离目标还有一段距离。面对咄咄逼人的市场形势，企业的经营压力持续增大，前所未有的困难和挑战也不断出现。企业必须调整更有针对性的措施，在冲刺四季度的各项工作中，加大力气紧盯目标，统筹各部门工作的工作流程衔接，将季度目标分解成月度、周工作目标，真抓实干，一周一周地积累成果，一个月一个月地经营会议排查困难、解决困难，找出应对措施和方法，更重要的是对员工进行大力度的奖惩激励措施。将奖励和处罚两面大鼓擂动起来，"冲刺60天突破1000万"等标语口号打出来，后勤保障服务到位，让一线工作人员在这种大势的赶压下，突破极限挑战更卓越的业绩。

这些都是推进工作的"响鼓"，也是该企业做好工作努力的目标与方向，因此企业的管理者，无论是高层还是中层，要懂管理学方法，把"响鼓"用重锤敲响，这样才能出战绩也才能发挥员工的最大潜能和积极性。

集中使用重奖

很多企业老板希望团队和员工不仅能够完成全年的目标任务，还希望能够完成"挑战目标"即超预期完成任务，并且设置了完成该任务给予一次性的重奖。还有一些管理者认为奖金的金额越大越能产生刺激感，让员工在工作中加倍努力，让工作效益倍增。

事实是任何激励都有一定的时效性，员工拿到超过期望值的年终大奖后，会高兴两三天，这两三天里会产生感激企业、感谢老板的厚爱心理活动。但是一个月后，当工作上遇到困难和委屈的时候，又会有埋怨懈怠情绪产生，有时甚至会有离职想法，上个月的重奖在这个时候就无法对员工心理再次起到激励和抚慰的作用。

1."重磅炸弹"的失效。

江苏一家中型规模的建筑集团的管理咨询非常具有典型性，它民营企业，公司成立17年，年产值40多亿，拥有路桥、市政、房地产开发、园林绿化等多家下属公司，在做薪酬绩效模块的前期访谈时发现，公司中层管理人员流动较大，但老员工十几年不流动，新来的员工几个月后都纷纷离职。

从财务报表上看公司的经营状况很好，最近三年来，每年业绩增长都在20%~30%，公司办公环境和交通都很便利，施工项目都集中在区域里，薪酬福利在同行业属于75分位以上，为什么会留不住管理人员呢？

通过访谈了解到，这是一家从施工队成长起来的企业，还保留着施工队的特点。十多年前，建筑施工队是由大大小小的十多个"包工头"组成的，工头们每年从各省老家招农民工进城干活，包吃包住，虽然谈好每月的工钱，但实际每个月只发一部分生活费，留下的那部分会在农历春节回老家前一次性发放。这样发放的原因有三：一是施工队是按项目节点结款的，包工头不是按月收款，所以也不能按月给农民工足额发工资；二是农民工在工余时间好赌，到手太多的钱很容易被赌光，工头带老家亲朋出来，也是要对他们负责的；三是春节是中国人回家团聚的时间，平时省吃俭用存在工头手上的钱，到了年底全部拿着回家过年。

虽然企业做大了，但是老板仍沿袭着过去做"包工头"时的发薪习惯。月工资较低，年终部分准点发放，比例非常高，固浮比约3∶7，大家的年度整体收入在行业还是很可观的。访谈时听说，年底发放奖金时豪气冲天，年会主席台前堆满成捆的现金，管理人员上台领钱要带很大的布袋来装钱。老板认为这种"重磅炸弹"对下属有很大的视觉冲击力，下属们会冲着这个"重磅炸弹"来年再拼命干活。

这种年底的重激励对于很多老员工习惯了不以为然，但是新的管理人接受不了，尤其是微薄的月工资，不足以还房贷和家庭开支，更不足以保持现有体面的生活，等不及年底的"重磅炸弹"到来，人才就跳槽了。

2.如何拆分重奖。

为了不让员工对重奖产生"免疫力"，管理者把重奖拆分，分阶段、分时段进行奖励。这样可以持续驱动员工的工作动力，还可以减少年底一次性发放带来的巨额个人所得税，让员工在每个任务阶段都能保持积极的工作态度，让每个阶段的优秀成果都有肯定性的激励行为来体现。

因此，管理者可通过季度或月度的目标分解来实施阶段性激励。根据企业的行业特点，设计出长期激励加短期激励相结合的方案，再适当补充一些特殊贡献的专项奖励。这些奖励的前提条件是满足公司的成本控制，保持公司的利润空间，保障股东的合理收益。一个激励方案的成功之处不是为企业赚得更大的利润，而是合理分配股东、公司、员工的收益，三方共赢才能让企业基业长青。

实行平均主义

在许多民营企业，人力资源管理或有部门没有人员，或有人员却不专业，不能发挥应有的作用。不少民营企业本身没有把"管理和激励"提到应有的位置。认为"谁还不会管"，多给钱就行，很多企业老板的驾驶员转型成了办公室主任分管人力资源部。实际上，培养人力资源管理人才要比培养其他类型管理人才更困难。由于人力资源管理的对象是人，因此，并不能像对物的管理那样，用标准化的方法来统一。

在操作实施员工激励方案时，很容易出现"薪资奖金越高、员工满意度越高"的错误心理。资方错误地以为每年给员工增加激励份额，普遍增长20%的奖金，员工的积极性都会上涨20%的效率。比如，某员工去年的年终奖是2万元，今年他自己预期能达到2.5万元，年终公司发给他2.8万元年终奖，超过预期，资方认为他会很高兴，当他了解到同部门业绩平平的同事拿到了3万元，他愤怒了。

这位员工之所以愤怒，原因就是激励的不公正问题。企业支付高额的人工成本没有得到员工的认可。在整个激励过程缺乏经过劳资双方认可的业绩评价标准，无法客观地、公平地评价被激励者的贡献大小。很多企业老板为年底奖金发放而发愁，不是因为公司没钱而是因为不知如何发放才能体现"多劳多得，奖优罚劣"的基本激励效果，才能达到以业绩服人，才能达到激励的目的是促进生产。

一家建筑设计公司的老板看到年度报表时非常高兴，因为公司净利润增长了25%。他想要好好奖励员工，便让人力资源经理在测算年终奖的时候，把奖金包总额由原来的300万增加到375万，人力资源经理也很开心，把每个人的奖金在去年的基础上增加了25%。老板心想，今年奖金提高这么多，员工们一定会十分高兴，来年也能大干一番。

发了年终奖之后，后勤保障职能部门的员工很开心，但一线的业务人员感觉到不公平，抱怨声声，兄弟们辛苦打拼得到的成绩，被老板"撒胡椒面"似的全部员工雨露均沾了，没有得到有"力度"的价值肯定和认可，拿过年终奖金后，公司有近四成的人员递交辞职报告，主要集中在业务和设计师的岗位。在奖金分配中，企业为了避免矛盾而实行了平均主义，出现了奖金分配的"大锅饭"，使激励因素变成了保健因素。在业绩评估中没有形成一套科学的业绩评估体系，体现不出多劳多得，导致员工之间在分配上矛盾激化，员工队伍中出现了干多干少一个样，不思进取、得过且过的不良现象。

很多管理者在对员工激励或者考核时，总是误入"近期效应"的怪圈，即容易受个人印象的影响，对身边经常能看到的人产生好感。如果管理者在年终评估时带有个人印象考量，企业中的一些人就会在年底时格外"积极"起来，而这些"积极分子"在平时的工作中却未必是真正的认真积极者。

缺乏系统管理能力的管理者，因为不重视日常绩效考核和关键事件概率，往往会陷入自己营造的一种误区中，被员工的近期某件维护公司利益的突出表现所影响，认为"这个人挺努力的"，管理者一定要注意考评周期和考评标准，以业绩为导向并且严格执行，不能受到身边工作人员表现和个人对员工的印象而随意变更考评结果，以免引发群体员工的不满情绪。

空头激励支票

为什么很多管理者无法获得员工的信任？因为管理者在向员工许诺后没有履行。不能兑现的激励会让员工大为失望，甚至异常恼火，不仅对管理者失去信任，对企业也会失去信心。

再想重拾将要付出更大的代价，恢复的效果还未必好。因此，管理者如果开出空头激励支票，将会严重破坏员工和企业之间的心理契约关系，这样的行为也是不合法的。

现代企业管理中，很多管理者为了完成业绩目标，喜欢给员工"画饼充饥"，即开空头激励支票。表面上许诺员工高薪酬，如年薪几十万，为了刺激员工出成绩，更是许诺他们丰厚的奖金、福利。

但是管理者确定目标时却仅凭个人推测，没有分析考虑国家政策、行业趋势、企业内部硬件和人才竞争条件等因素，计划目标也没有经过公司管理层及员工讨论推演，就下发文件执行。这些目标计划无论员工怎么努力都难以达到。还有管理者设置不合理的完工期限，时间过紧、标准不清，无穷无尽的修改目标，无底线地追求完美，设计了一个永远得不到的奖励。

到年底的时候，管理者就会以目标业绩未达到为理由免除员工的奖金、福利，甚至还会克扣员工薪酬。为了继续让员工努力工作，管理者又会把持股、分红、送房、送车等挂在嘴边，到了履行承诺的时候，又大唱艰苦创业、节约成本等赞歌。

还有一些人才竞争激烈的行业，如金融和地产的企业实行年终奖金延迟发放，用以规避员工拿钱走人的现象。做法是经过考核确认年底奖金的数额后，在次年春节前仅发放年终奖的50%，剩下的在第二年的五一劳动节发放25%，十一国庆节发放25%，即减轻了企业年底资金压力，又压制着人才在第二年为了拿到剩余的奖金不敢跳槽。

其实，"画饼充饥"和"延期支付"的本质就是缺乏诚信欺骗员工的行为，可能在短期有一定的效果，但长期来看最终伤害的是企业本身。直到员工对企业的信任感缺失，就会义无反顾的离开企业，并且公司的不良声誉也会在业内传播开来，人才招聘会恶性循环。那些不在意企业诚信的员工，必然也是缺乏诚信的人员，就职目的也不是冲着激励来的，寻思着找公司管理上的漏洞捞一把就闪，劳资互欺，谁会伪装谁得手。

管理者对员工承诺激励时，要采取保守谨慎的原则。设置计划时要有三个层次：保守目标、期望目标、挑战目标，激励标准也是相应提升，这种阶梯式的激励目标和承诺必兑现的阶梯式的激励，能让员工明白只要工作积极努力，企业的激励政策就能实现，甚至还会有意外的激励惊喜。作为管理者，一定要做到言必信、行必果，要对激励政策和措施严格执行，与员工之间要形成坚定的契约关系，让员工对企业和管理者产生高度的信心，才能产生最佳的激励效果。

误区对应策略

1.建立激励的管理基础。

激励机制应当因公司而异，因人而异。激励机制只有在各项管理基础完备的情况下，才会发挥出最佳的效果。因此，完善科学的企业员工激励机制应当建立在明确的企业战略目标和公司计划管理，高效的内部流程管控机制上，科学合理的绩效考核方案，具有竞争力的薪酬体系，以及内容明确的部门职责及员工岗位说明，人力资源的晋升奖惩机制等。众所周知，物质激励可以提高企业员工工作的积极性，但是也不能忽略精神层面的激励，使员工在完成某种工作的时候能够拥有成就感。

2.建立扎根企业的激励文化。

激励文化建设不是喊口号、贴标语，可以分成制度层面、物质层面、行为层面和精神层面等方面进行落地，"激励文化是一个生态系统，保持核心价值观在一定时期内稳定的同时要不断随内外环境的变化做出相应的调整。"因此结合公司不同的发展阶段，采取不尽相同的措施，以便使激励文化建设不断推向深入。

第一，领导重视是关键。企业管理者要做到自身廉洁，做到公正不偏，要经常与员工进行激励文化沟通，在企业中建立以人为本的管理思想，为员工创造良好的工作环境，倡导以优秀员工为榜样；第二，营造环境搭平台。营造良好的工作环境与浓厚的企业激励文化氛围，强化激励文化推行仪式，让员工在潜移默化中受到熏陶，形成良好的文化氛围，协调的人际关系，使员工把企业的目标当作自己的奋斗目标，企业才会从情感上留住人才，并激励人才旺盛的创新活力；第三，激励文化理念的推广。激励文化的渗透、与完善过程，是企业本身成长的过程。因此，根据企业战略发展需要、结合企业实际，在继承优秀激励机制的基础上，以先进的理念、制度、行为推动激励文化的不断演变、升华并真正落地，使之成为企业不可或缺的硬核实力。

3.激励手段要多样化。

大部分企业通过绩效考核来分配薪资和奖金，实行多劳多得的方式来调动企业员工的积极性。但同时要不断地加大激励手段的创新，使激励手段多样化。除了本书介绍过的股权激励、项目分红，能将职工的切身利益和企业的利益相挂钩，实现员工的自我管理和自我提升。还可以开展学习培训、比赛评比、参与决策及交给员工富有挑战性的工作，在使员工获得成就感的同时也能推进企业民主化进程，透明的管理规则，增进员工对企业管理行为的理解，减少因误解产生的抱怨。通过营造上级与下级亲密、友善的情感环境及员工之间和谐的工作环境的情感激励，增强企业员工对企业的归属感，通过各种互动、培训和拓展，员工职业发展等方式来调动企业员工工作的积极性和创新能力。

4.建立长期稳定的复合激励。

传统的企业激励方式只是对员工过去所做的工作成就给予肯定或奖励，对企业员工的未来工作并没有产生很大的影响，激励机制往往表现出现较短周期的特性。因此，企业应建立长期性、连续性及稳定性的激励机制，形成层层相扣的科学的激励体系，保证激励机制在实施的时候能够真正做到公开、公平、公正，而且这种激励机制不因管理层的变化、企业规模的变化而中断。长期与短期激励叠加，即体现当下也考虑到未来。当然，科学稳定的激励体系也要奖惩分明，红线警界，不仅给予奖赏是一种激励，约束及惩罚也是一种激励。只有建立激励与约束的机制，才能从规章、制度上保证二者的统一。激励方案的设置、退出和新入规则要经法律顾问审核，条款清晰明确易操作。

5.建立激励效果评估机制。

企业在建立激励制度的时候，必须设置企业文化评估体系，定期对激励实施效果进行评价与信息反馈，并将激励成效与部门领导绩效挂钩，以此形成强有力的抓手，确保激励机制建设真正落地发挥作用。盲目增加激励数额会让企业人工成本大幅增长，造成产品价格上涨，失去在市场上的价格竞争力，维持产品价格又会让股东和企业的应得收益摊薄。本书负面的激励案例中，员工不但没有感受到激励，反而会导致工作积极性降低，企业整体效益降低。

在激励机制评估和完善的过程中，要充分结合企业的实际情况，让更多的员工参与到激励机制的制定和完善当中。具体方式包括：第一，财务部门测算每增长一个点的激励金额对企业产值成本的直接影响曲线分析；第二，经常以调查问卷的方式让员工对现阶段激励机制执行问题进行反馈，并做好分类、统计，及时调整；第三，以每季度开一次民主生活会的方式让更多的员工参与到激励机制执行情况的讨论当中，听取员工对激励机制的意见，鼓励大家积极参与完善激励机制的活动；第四，企业还可以通过本行业薪酬福利占比、专题调研会、激励方向的法律咨询等方式，了解国家产业政策和其他企业的优秀激励做法，企业管理者也能通过这种方式集思广益、扩展思维，让激励机制更好地促进企业发展。

后 记

论文期摘瑕，求友惟攻阙。本书经过近一年多的思考和构想，终于2020年初新型冠状病毒肺炎疫情居家隔离期间完稿，主要记载本人从事企业管理咨询工作数年的一些粗浅体会和感怀。在撰写过程中，广泛借鉴了过去曾经工作与合作过的企事业单位中一些成功的实践案例，及职场感悟和工作体会，集结成书，做为个人管理理论及实践的阶段性成长小结。

本书的撰写得到了行业老师的指导和点拨，也得到了咨询友人的鼓励和支持，尤其要感谢北大纵横激励研究院丁应红院长案例支持；感谢工作同仁谭铁军、李春妹老师在书稿撰写中给予的大力支持；感谢成信大赵珂同学在本书撰写过程中全程参与了资料整理、翻译等工作。同时感谢本书中借鉴工作成果的相关单位，感谢大家为本书面世贡献的智慧与劳动，向他们表示崇高的敬意！祝他们永远健康快乐！

张冉

2020年4月于南京